Couvertures supérieure et inférieure manquantes.

PETIT TRAITÉ

DE

POÉSIE FRANÇAISE

PARIS

TYPOGRAPHIE GEORGES CHAMEROT

19, rue des Saints-Pères, 19

THÉODORE DE BANVILLE

PETIT TRAITÉ

DE

POÉSIE FRANÇAISE

PARIS

G. CHARPENTIER, ÉDITEUR

13, RUE DE GRENELLE SAINT-GERMAIN, 13

1883

Tous droits réservés.

PETIT TRAITÉ
DE
POÉSIE FRANÇAISE

CHAPITRE PREMIER

INTRODUCTION

Presque tous les traités de poésie ont été écrits au xviie et au xviiie siècle, c'est-à-dire aux époques où l'on a le plus mal connu et le plus mal su l'art de la Poésie. Aussi pour étudier, même superficiellement, cet art, qui est le premier et le plus difficile de tous, faut-il commencer par faire table rase de tout ce qu'on a appris, et se présenter avec l'esprit semblable à une page blanche.

J'entends d'ici l'objection. — Quoi ! dira-t-on, vous prétendez qu'on n'a pas su la poésie au siècle qui a enfanté ou possédé Corneille, Racine, Molière, La Fontaine ! — La réponse est bien simple et bien facile. Ces quatre hommes étaient quatre géants, quatre créatures surhumaines qui, à force de génie, ont fait des chefs-d'œuvre immortels, bien qu'ils n'eussent qu'un mauvais outil à leur disposition. Leur outil (par là j'entends la versification comme ils la savaient) était si mauvais, qu'après les avoir gênés et torturés tout le temps de leur vie, il n'a pu, après eux, servir utilement à personne. Et l'outil que nous avons à notre disposition est si bon, qu'un imbécile même, à qui on a appris à s'en servir, peut, en s'appliquant, faire de bons vers. Notre outil, c'est la versification du xvi° siècle, perfectionnée par les grands poètes du xix°, versification dont toute la science se trouve réunie en un seul livre, *La Légende des Siècles* de Victor Hugo, qui doit être la Bible et l'Évangile de tout versificateur français.

Ceci dit, je commence, en suppliant le lecteur d'oublier, dans l'intérêt de l'étude que nous allons tenter ensemble, ses idées préconçues et les notions de notre art qu'il a pu acquérir.

Tout ce dont nous avons la perception obéit à une même loi d'ordre et de mesure, car, ainsi que les corps célestes se meuvent suivant une règle immuable qui proportionne leurs mouvements entre eux, de même les parties dont un corps est composé sont toujours, dans un corps de la même espèce, disposées dans le même ordre et la même façon. Le Rhythme est la proportion que les parties d'un temps, d'un mouvement, ou même d'un tout, ont les unes avec les autres.

Le Son est une vibration dans l'air, qui est portée jusqu'à l'organe de l'ouïe, et qui procède d'un mouvement communiqué au corps sonore. Le son que produit la parole humaine est nécessairement rhythmé, puisqu'il exprime l'ordre de nos sensations ou de nos idées. Seulement, lorsque nous parlons, notre langage est réglé par un rhythme compliqué et variable, dont le dessin ne se présente pas immédiatement à l'esprit avec netteté, et qui, pour être perçu, veut une grande application; lorsque nous chantons, au contraire, notre langage est réglé par un rhythme d'un dessin net, régulier et facilement appréciable, afin de pouvoir s'unir à la Musique, dont le rhythme est également précis et simple.

Le Vers est la parole humaine rhythmée de façon à pouvoir être chantée, et, à proprement parler, il n'y a pas de poésie et de vers en dehors du Chant. Tous les vers sont destinés à être chantés et n'existent qu'à cette condition. Ce n'est que par une fiction et par une convention des âges de décadence qu'on admet comme poëmes des ouvrages destinés à être lus et non à être chantés, de même qu'on orne les buffets d'objets ciselés qui représentent des buires et des aiguières, mais dont l'intérieur n'est pas creux, de façon qu'ils ne peuvent contenir aucun liquide. Fussent-ils d'une beauté suprême, et eussent-ils été ciselés par Cellini lui-même, ces objets ne sont ni des buires, ni des aiguières, de même que les vers qui ne pourraient pas être chantés si nous retrouvions, comme cela est possible, l'art perdu de la musique lyrique, ne sont pas en réalité des vers. Je dis : *si nous retrouvions,* car les compositions dramatiques nommées opéras n'ont proprement rien à démêler avec ce qui fut le chant aux âges poétiques. On y prononce, il est vrai, sur des airs accompagnés par une symphonie, des paroles mal rhythmées et coupées çà et là par des assonances qui ont l'intention de rappeler ce que plus loin nous nommerons : la Rime ; mais ces paroles ne sont pas des vers, et, si elles étaient des vers, la musique bruyante sur laquelle on les attache ne pourrait servir à en exprimer l'accent et l'âme, puisque d'ailleurs cette musique existe par elle-même et indépendamment de toute poésie.

A quoi donc servent les vers? A chanter. A chanter désormais une musique dont l'expression est perdue, mais que nous entendons en nous, et qui seule est le Chant. C'est-à-dire que l'homme en a besoin pour exprimer ce qu'il y a en lui de divin et de surnaturel, et, s'il ne pouvait chanter, il mourrait. C'est pourquoi les vers sont aussi utiles que le pain que nous mangeons et que l'air que nous respirons.

N'est pas vers ni poésie, ai-je dit, ce qui ne peut être chanté; est-il besoin d'ajouter que des paroles rhythmées ne sont pas nécessairement de la poésie par cela seul qu'elles peuvent être chantées? A quel caractère absolu et suprême reconnaîtrons-nous donc ce qui est ou ce qui n'est pas de la poésie? Le mot Poésie, en grec Ποίησις, *action de faire, fabrication*, vient du verbe Ποιεῖν, *faire, fabriquer, façonner*; un Poëme, Ποίημα, est donc ce qui est fait et qui par conséquent n'est plus à faire; — c'est-à-dire une composition dont l'expression soit si absolue, si parfaite et si définitive qu'on n'y puisse faire aucun changement, quel qu'il soit, sans la rendre moins bonne et sans en atténuer le sens. Ainsi Corneille a fait de la poésie lorsqu'il a écrit le vers fameux :

$$\overset{2}{\text{Que voulez-vous}} | \overset{}{\text{qu'il fit}} | \overset{3}{\text{contre trois?}} | - \text{Qu'il mourût.}$$

Et la Fontaine a fait de la poésie lorsqu'il a

[1.]

écrit la fable intitulée : *Le Vieillard et les trois Jeunes Hommes,* qui commence ainsi :

> Un octogénaire plantoit.
> « Passe encor de bâtir; mais planter à cet âge ! »
> Disoient trois jouvenceaux, enfants du voisinage;
> Assurément il radotoit.

Car soyez un écrivain savant, habile, ingénieux, rompu à toutes les finesses du métier, et essayez, dans les vers que je viens de vous citer, de changer ou de déplacer un seul mot : vous n'y parviendrez pas, à moins d'en diminuer la beauté et l'exactitude. Ces vers sont donc de la poésie; ils ne sont plus à faire, puisqu'ils sont faits de façon à ce qu'on n'y puisse toucher. — Il y a certes de la poésie qu'on pourrait corriger sans la diminuer; mais elle n'est pas poésie, si elle ne contient pas du moins des parties absolument belles, définitives, et auxquelles il soit impossible de ne rien changer.

Ceci tranche une question bien souvent controversée : Peut-il y avoir des poëmes en prose ? Non, il ne peut pas y en avoir, malgré le *Télémaque* de Fénelon, les admirables *Poëmes en prose* de Charles Baudelaire et le *Gaspard de la Nuit* de Louis Bertrand; car il est impossible d'imaginer une prose, si parfaite qu'elle soit, à laquelle on ne puisse, avec un effort surhumain, rien ajouter ou rien retrancher; elle est donc toujours à faire, et par conséquent n'est jamais la chose faite, le Ποίημα. — Au contraire, à propos des vers, Boileau a donné, entre autres, un précepte absurde, lorsqu'il a dit :

>Vingt fois sur le métier remettez votre ouvrage.

Car si un chant a jailli tout d'abord de l'esprit du poëte en réunissant toutes les conditions de la poésie, il est tout à fait inutile que le poëte le remette sur le métier, — par parenthèse, quel est ce métier? — et refasse sur le même sujet vingt autres chants, qui ne vaudront pas le premier. Quand l'homme a fait un poëme digne de ce nom, il a créé une chose immortelle, immuable, supérieure à lui-même, car elle est tout entière divine, et qu'il n'a ni le devoir, ni même le droit, de remettre sur aucun métier.

Les proportions de cette Étude ne me permettent pas de m'occuper de la construction des vers dans les langues autres que le français. Mais je puis et dois indiquer ici les caractères qui sont communs à la poésie de tous les pays et de tous les temps. En son *Abrégé de l'Art poétique françois, à Alphonse Delbène, abbé de Haute-Combe en Savoie,* Ronsard dit éloquemment : « Tu auras en premier lieu les conceptions hautes, grandes, belles et non traînantes à terre. Car le principal poinct est l'invention, laquelle vient tant de la bonne nature, que par la leçon des bons et anciens autheurs. Et si tu entreprens quelque grand œuvre, *tu te montreras religieux et craignant Dieu,* le commençant par son nom, ou par un autre qui représentera quelque effect de sa Majesté, à l'exemple des Poëtes grecs : Μῆνιν ἄειδε Θεά... Ἄνδρα μοι ἔννεπε Μοῦσα... Ἐκ Διὸς ἀρχώμεσθα... Ἀρχόμενος σέο Φοῖβε... Et nos Romains : *Æneadum genitrix... Musa mihi causas memora.* Car les Muses, Apollon, Mercure, Pallas et autres telles déités ne nous représentent autre chose que les puissances de Dieu, auquel les premiers hommes avoient donné plusieurs noms pour les divers effects de son incompréhensible Majesté. Et c'est aussi pour te monstrer que rien ne peut estre ny bon, ny parfait, si le commencement ne vient de Dieu. » Le vers est nécessairement religieux, c'est-à-dire qu'il suppose un certain nombre de croyances et d'idées communes au poëte et à ceux qui l'écoutent. Chez les peuples dont la religion est vivante, la poésie est comprise de tous ; elle n'est plus qu'un amusement d'esprit et un jeu d'érudit chez les peuples dont la religion est morte. C'est ainsi que tous les Arabes comprenaient en leurs plus exquises délicatesses les idées d'Abd-el-Kader, tandis que très peu de Français comprennent les idées de Victor Hugo.

La Poésie doit toujours être noble, c'est-à-dire intense, exquise et achevée dans la forme, puisqu'elle s'adresse à ce qu'il y a de plus noble en nous, à l'Ame, qui peut directement être en contact avec Dieu. Elle est à la fois Musique, Statuaire, Peinture, Éloquence; elle doit charmer l'oreille, enchanter l'esprit, représenter les sons, imiter les couleurs, rendre les objets visibles, et exciter en nous les mouvements qu'il lui plaît d'y produire; aussi est-elle le seul art complet, nécessaire, et qui contienne tous les autres, comme elle préexiste à tous les autres. Ce n'est qu'au bout d'un certain temps d'existence que les peuples inventent *les autres* arts plastiques; mais, dès qu'un groupe d'hommes est réuni, la Poésie lui est révélée d'une manière extra-humaine et surnaturelle, sans quoi il ne pourrait vivre.

L'art des vers, dans tous les pays et dans tous les temps, repose sur une seule règle : La Variété dans l'Unité. — Celle-là contient toutes les autres. Il nous faut l'Unité, c'est-à-dire le retour des mêmes combinaisons, parce que, sans elle, le vers ne serait pas un Être, et ne saurait alors nous intéresser; il nous faut la Variété, parce que, sans elle, le vers nous berce et nous endort. Toutes les règles de toutes les versifications connues n'ont pas d'autre origine que ce double besoin, qui est inhérent à la nature humaine. Et nous montrerons successivement qu'en fait de vers on est toujours bien guidé par la double recherche de l'Unité et de la Variété, et que lorsqu'on commet une faute, c'est toujours parce qu'on a transgressé une de ces lois fondamentales.

Le vers français ne se rhythme pas, comme celui de toutes les autres langues, par un certain entrelacement de syllabes brèves et longues. Il est seulement l'assemblage d'un certain nombre régulier de syllabes, coupé, dans certaines espèces de vers, par un repos qui se nomme *césure*, et toujours terminé par un son qui ne peut exister à la fin d'un vers sans se trouver reproduit à la fin d'un autre ou de plusieurs autres vers, et dont le retour se nomme LA RIME. Il y a, en français, des vers de toutes les longueurs, depuis le vers d'une syllabe jusqu'au vers de treize syllabes. On a prétendu à tort que les vers de neuf, de onze et de treize syllabes n'existent pas. Ce n'était qu'une affirmation vaine et qui ne s'appuie sur rien. Voici des exemples de tous ces vers différents :

VERS D'UNE SYLLABE.

Fort
Belle,
Elle
Dort.

Sort
Frêle !
Quelle
Mort !

PAUL DE RESSÉGUIER. *Sonnet*.

VERS DE DEUX SYLLABES.

Murs, ville
Et port,
Asile
De mort,
Mer grise,
Où brise
La brise ;
Tout dort.

VICTOR HUGO. *Les Djinns*. Les Orientales, XXVIII.

VERS DE TROIS SYLLABES.

Cette ville
Aux longs cris
Qui profile
Son front gris,
Des toits frêles,
Cent tourelles,
Clochers grêles,
C'est Paris.

VICTOR HUGO. *Le pas d'armes du roi Jean*. Odes et Ballades, XII.

VERS DE QUATRE SYLLABES.

Sur la colline,
Quand la splendeur
Du ciel en fleur
Au soir décline,

L'air illumine
Ce front rêveur
D'une lueur
Triste et divine [1].

VERS DE CINQ SYLLABES.

Gothique donjon
Et flèche gothique,
Dans un ciel d'optique,
Là-bas, c'est Dijon.
Ses joyeuses treilles
N'ont point leurs pareilles
Ses clochers jadis
Se comptaient par dix.

Louis Bertrand. *Gaspard de la Nuit.*

VERS DE SIX SYLLABES.

Nulle humaine prière
Ne repousse en arrière

---

1. L'auteur de cette esquisse s'excuse une fois pour toutes d'être quelquefois forcé de se citer lui-même. S'étant plus qu'un autre essayé à renouveler les rhythmes anciens ou démodés, il n'a pas cru devoir se priver de détacher de son œuvre, si inférieure qu'elle soit, des exemples que les critiques les plus accrédités y avaient choisis avant lui.

Le bateau de Charon,
Quand l'âme nue arrive
Vagabonde en la rive
De Styx ou d'Achéron.

RONSARD. *A Guy Pacate.* Odes, Livre IV, v.

VERS DE SEPT SYLLABES.

J'estois couché mollement,
Et, contre mon ordinaire,
Je dormois tranquillement;
Quand un enfant s'en vint faire
A ma porte quelque bruit.
Il pleuvoit fort cette nuit :
Le vent, le froid et l'orage
Contre l'enfant faisoient rage.

LA FONTAINE. *L'Amour mouillé.* Contes, Livre III, XII.

VERS DE HUIT SYLLABES.

A travers la folle risée
Que Saint-Marc renvoie au Lido,
Une gamme monte en fusée,
Comme au clair de lune un jet d'eau...

A l'air qui jase d'un ton bouffe
Et secoue au vent ses grelots,
Un regret, ramier qu'on étouffe,
Par instant mêle ses sanglots.

THÉOPHILE GAUTIER. *Clair de lune sentimental.* Émaux et Camées.

VERS DE NEUF SYLLABES, AVEC DEUX REPOS OU *césures*, L'UNE
APRÈS LA TROISIÈME SYLLABE, L'AUTRE APRÈS LA SIXIÈME.

>Oui ! c'est Dieu — qui t'appelle — et t'éclaire !
>A tes yeux — a brillé — sa lumière,
>En tes mains — il remet — sa bannière.
>Avec elle — apparais — dans nos rangs,
>Et des grands — cette fou — le si fière
>Va par toi — se réduire — en poussière,
>Car le ciel — t'a choisi — sur la terre
>Pour frapper — et punir — les tyrans !
>>EUGÈNE SCRIBE. *Le Prophète.* Acte II, Scène VIII.

VERS DE DIX SYLLABES, AVEC UN REPOS OU *césure*
APRÈS LA QUATRIÈME SYLLABE.

>L'Amour forgeait. — Au bruit de son enclume,
>Tous les oiseaux, — troublés, rouvraient les yeux ;
>Car c'était l'heure — où se répand la brume,
>Où sur les monts, — comme un feu qui s'allume,
>Brille Vénus, — l'escarboucle des cieux.
>>VICTOR HUGO. *Le Rhin.* Lettre XX.

VERS DE DIX SYLLABES AVEC UN REPOS OU *césure* ENTRE
LA CINQUIÈME ET LA SIXIÈME SYLLABE.

>J'ai dit à mon cœur, — à mon faible cœur :
>N'est-ce point assez — de tant de tristesse ?
>Et ne vois-tu pas — que changer sans cesse
>C'est à chaque pas — trouver la douleur ?
>
>Il m'a répondu : — Ce n'est point assez,
>Ce n'est point assez — de tant de tristesse ;
>Et ne vois-tu pas — que changer sans cesse
>Nous rend doux et chers — les chagrins passés ?
>>ALFRED DE MUSSET. *Chanson.* Poésies diverses.

VERS DE ONZE SYLLABES, AVEC UN REPOS OU *césure* ENTRE
LA CINQUIÈME ET LA SIXIÈME SYLLABE.

Les sylphes légers — s'en vont dans la nuit brune
Courir sur les flots — des ruisseaux querelleurs,
Et, jouant parmi — les blancs rayons de lune,
Voltigent riants — sur la cime des fleurs.

Les zéphyrs sont pleins — de leur voix étouffée,
Et parfois un pâtre — attiré par le cor,
Aperçoit au loin — Viviane la fée
Sur le vert coteau — peignant ses cheveux d'or.

VERS DE DOUZE SYLLABES, AVEC UN REPOS OU *césure* ENTRE
LA SIXIÈME ET LA SEPTIÈME SYLLABE.

L'aurore apparaissait ; — quelle aurore ? Un abîme
D'éblouissement, vaste, — insondable, sublime ;
Une ardente lueur — de paix et de bonté.
C'était aux premiers temps — du globe ; et la clarté
Brillait sereine au front — du ciel inaccessible,
Étant tout ce que Dieu — peut avoir de visible ;
Tout s'illuminait, l'ombre — et le brouillard obscur ;
Des avalanches d'or — s'écroulaient dans l'azur ;
Le jour en flamme, au fond — de la terre ravie
Embrasait les lointains — splendides de la vie ;
Les horizons pleins d'ombre — et de rocs chevelus,
Et d'arbres effrayants — que l'homme ne voit plus,
Luisaient comme le songe — et comme le vertige,
Dans une profondeur — d'éclair et de prodige.

Victor Hugo. *Le Sacre de la Femme.* La Légende des Siècles

VERS DE TREIZE SYLLABES, AVEC UN REPOS OU *césure* ENTRE
LA CINQUIÈME ET LA SIXIÈME SYLLABE.

Le chant de l'Orgie — avec des cris au loin proclame
Le beau Lysios, — le Dieu vermeil comme une flamme,
Qui, le thyrse en main, — passe rêveur, triomphant,
A demi couché — sur le dos nu d'un éléphant.

Après eux Silène — embrassant d'une lèvre avide
Le museau vermeil — d'une grande urne déjà vide,
Use sans pitié — les flancs de son âne en retard,
Trop lent à servir — la valeur du divin vieillard.

Le vers de douze syllabes ou vers alexandrin, qui répond à l'hexamètre des Latins, a été inventé au xiie siècle par un poète normand, Alexandre de Bernay; c'est celui de tous nos mètres qui a été le plus long à se perfectionner, et c'est de nos jours seulement qu'il a atteint toute l'ampleur, toute la souplesse, toute la variété et tout l'éclat dont il est susceptible. Le vers alexandrin, dont j'essayerai plus loin de développer le caractère et les ressources, a une importance énorme, immense, dans la poésie française : car, en même temps qu'il a sa place dans l'Ode et dans l'Épigramme, comme tous les autres mètres, en même temps qu'il s'applique à l'Épître, à l'Idylle et à la Sextine, et que la plu-

part du temps il est le seul usité pour l'Épopée
et pour la Comédie (qui cependant peuvent aussi
l'une et l'autre être écrites en vers de dix syllabes
ou en vers de huit syllabes), il est également le
seul vers employé dans la Tragédie et dans la
Satire. Les vers des autres mesures s'emploient
dans l'Ode, dans le Sonnet, dans le Rondeau,
dans le Rondeau redoublé, dans la Ballade, dans
le Dixain, dans l'Octave, dans le Chant Royal,
dans le Lai, dans le Virelai, dans la Villanelle,
dans le Triolet, dans l'Épigramme et dans le
Madrigal. Avant d'examiner à leur tour chacun
de ces genres différents, nous allons d'abord indiquer le plus nettement et le plus rapidement
possible les règles matérielles et mécaniques de
la versification, puis étudier ensuite le génie
essentiel du Vers français, et les moyens multiples qu'il emploie pour tout peindre, pour
tout imiter, pour tout créer, avec la puissance
d'un instrument auquel rien n'est impossible et
qui peut exprimer avec la même perfection les
aspects les plus compliqués des choses matérielles et les plus idéales aspirations de l'âme
humaine.

CHAPITRE II

RÈGLES MÉCANIQUES DES VERS

Un étonnement se sera élevé tout d'abord dans l'esprit du lecteur, lorsqu'il aura lu les citations de vers de toutes les longueurs que j'ai données dans le précédent chapitre. En effet, s'il a compté les syllabes des vers que je cite, il aura remarqué que souvent tel vers contient plus de syllabes que je ne lui en attribue. Ainsi j'ai donné comme vers d'une syllabe ceux-ci :

> Fort
> Belle
> Elle
> Dort.

Cependant il est évident que le mot BEL-LE et le mot EL-LE contiennent chacun, non pas une, mais deux syllabes. — J'ai donné comme vers de deux syllabes ceux-ci :

> Murs, ville
> Et port.
> Asile
> De mort.

Cependant les deux vers MURS, VIL-LE et A-SI-LE contiennent chacun non pas deux, mais trois syllabes. Et ainsi de suite. Dans les vers de *La Légende des Siècles* que j'ai cités et que je range parmi les vers de douze syllabes, prenez les deux premiers vers, et comptez les syllabes une à une : il est certain que le premier vers contient seize syllabes et que le second vers contient quatorze syllabes.

L'au-ro-re ap-pa-rais-sait; quel-le-au-ro-re?-Un a-bî-me.(16)
D'é-blou-is-se-ment,-vas-te,-in-son-da-ble,-su-bli-me. (14)

A quoi tient cette apparente anomalie? Pour l'expliquer, il me faut définir ce qu'on nomme RIME MASCULINE, RIME FÉMININE, ÉLISION.

On nomme VERS MASCULIN un vers dont le dernier mot est terminé par une lettre autre que l'E muet; on nomme RIME MASCULINE la rime qui unit deux vers masculins. Ainsi les deux vers suivants :

Tout s'illuminait, l'ombre et le brouillard obscur;
Des avalanches d'or s'écroulaient dans l'azur;

sont deux vers masculins, et la rime qui les unit est un rime masculine.

On nomme VERS FÉMININ un vers dont le dernier mot est terminé par un E muet, ou par un E muet suivi soit d'un s, soit des lettres NT; on nomme RIME FÉMININE la rime qui unit deux vers féminins. Ainsi les deux vers suivants :

L'aurore apparaissait ; quelle aurore ? Un abîme
D'éblouissement, vaste, insondable, sublime ;

sont deux vers féminins, et la rime qui les unit est une rime féminine.

De même, les deux derniers vers de ce tercet :

Sion, repaire affreux de reptiles impurs,
Voit de son temple saint les pierres dispersées
Et du Dieu d'Israël les fêtes sont cessées.
RACINE. *Esther*, Acte I, Scène I.

Et les deux vers que voici :

Mais du sang de l'un d'eux les sables se teignirent
Et les rugissements de l'un d'eux s'éteignirent,
ALEXANDRE DUMAS. *Charles VII*, Acte I, Scène I.

sont des vers féminins, et la rime qui les unit est une rime féminine.

C'est une règle absolue que, dans les vers féminins, la dernière syllabe du vers, dont l'E muet, seul ou suivi des lettres s ou NT, ne se prononce pas, ne compte pas. Ainsi dans ce vers :

É-tant tout ce que Dieu peut a-voir de vi-si-ble (13),

l'E muet final ne se prononçant pas, la dernière

syllabe ne compte pas, et on prononce comme s'il y avait :

É-tant tout ce que Dieu peut a-voir de vi-si-bl' (12).

Ainsi un vers féminin de douze syllabes contient toujours en réalité treize syllabes au moins, bien que métriquement il n'en ait que douze. Comme nous l'avons vu tout à l'heure, il peut contenir plus de treize syllabes sans cesser d'être métriquement un vers de douze syllabes; cela tient à ce qu'une ou plusieurs syllabes du vers disparaissent par ÉLISION.

On nomme ÉLISION la suppression de la dernière syllabe d'un mot, qui se confond dans la prononciation avec la première syllabe du mot suivant. L'élision a lieu lorsque, dans le corps d'un vers, la dernière syllabe d'un mot est terminée par un E muet, et que le mot qui suit commence par une voyelle ou par un H non aspiré.

Ainsi dans ce vers :

L'aurore apparaissait; quelle AURORE ? Un abîme.

Le mot AURORE se terminant par un E muet et le mot APPARAISSAIT commençant par la voyelle A, la syllabe RE s'élide ou se confond avec la syllabe AP. Le mot QUELLE se terminant par un E muet et le mot AURORE qui le suit commençant par la voyelle A, la syllabe LE s'élide ou se confond avec la syllabe AU. Le mot AURORE se terminant par un E muet et le mot UN commençant par la voyelle U, la syllabe RE s'élide ou se confond avec la syllabe UN. De plus, l'E muet final du vers ne se prononçant pas, comme nous l'avons dit, on prononce et on compte comme s'il y avait :

L'au-ro-r'ap-pa-rais-sait; — quel-l'au-ro-r'un-a-bim' (12).

Dans le vers suivant, tiré de *L'An neuf de l'Hégire*, Légende des siècles :

Chaque houri, sereine, incorruptible, heureu-se,

le mot CHAQUE se terminant par un E muet, mais l'H qui commence le mot HOURI étant aspiré, la syllabe QUE comptera et ne s'élidera pas. La syllabe NE de *sereine* s'élidera avec la syllabe IN d'*incorruptible*. Le mot INCORRUPTIBLE se terminant par un E muet, et le mot HEUREUSE commençant par un H non aspiré, la syllabe BLE s'élidera avec la syllabe HEU, et nous prononcerons et compterons ainsi :

Cha-que hou-ri, — se-rei-n'in-cor-rup-ti-bl'heu-reus'.

Dans notre vieille poésie, non-seulement l'E muet s'élidait, mais les cinq voyelles (excepté l'É accentué) pouvaient s'élider; ce qui permettait de donner au vers une harmonie et une grâce ineffables. Nous ne pouvons aborder ici cet ordre d'idées qui demanderait des développements considérables; mais nous renvoyons ceux de nos lecteurs qui voudraient être complétement édifiés sur ce sujet à l'admirable Introduction que F. Génin a placée en tête de sa *Chanson de Roland*, et où il a traité à fond cette intéressante question. (*La Chanson de Roland*, poème de Théroulde, texte critique accompagné d'une traduction, d'une introduction et de notes par F. Génin, chef de division au ministère de l'instruction publique. Paris, Imprimerie nationale, 1850.)

Continuons, pour n'avoir plus à y revenir et pour pouvoir nous élever bientôt à des considérations plus hautes et plus intéressantes, l'étude des règles élémentaires et absolues de la versification.

L'E muet précédé d'une consonne forme syllabe quand il est placé dans le corps d'un vers, et quand le mot qui suit commence également par une consonne, comme dans ce vers :

> Une ardente lueur de paix et de bonté.

Mais l'E muet, précédé et suivi d'une consonne

ne peut être placé à l'hémistiche[1]. Ainsi on ne pourrait pas dire :

> La lueur ardente — de paix et de bonté.

La raison en est simple. C'est que pour indiquer la césure, le repos, il faudrait alors appuyer sur l'E muet, bien plus que ne le permet la prononciation française.

Même règle pour les mots terminés par un E muet suivi d'un s, ou par un E muet suivi des lettres NT. L'E muet forme syllabe dans ce vers :

> Et blasphèmes, toujours l'ornement des procès ?
> RACINE. *Les Plaideurs*, Acte II, Scène I.

Mais on ne pourrait pas dire :

> Et cruels blasphèmes, — l'ornement des procès ?

De même l'E muet forme syllabe dans ce vers :

> Quel intérêt, quels soins vous agitent, vous pressent ?
> RACINE. *Esther*, Acte II, Scène VII.

Mais on ne pourrait pas dire :

> Quels soins vous agitent, — quel intérêt vous presse ?

L'E muet suivi d'un s ou des lettres NT, et

---

1. L'HÉMISTICHE est la moitié d'un vers. On entend par *mot placé à l'hémistiche*, un mot dont la dernière syllabe précède immédiatement la césure, et par conséquent, dans le vers alexandrin, se trouve être la sixième syllabe du vers.

placé non à l'hémistiche, mais dans le corps d'un vers, forme encore syllabe lors même qu'il est suivi d'un mot commençant par une voyelle. Mais dans ce cas, les lettres s ou NT sont naturellement rattachées au mot suivant par la liaison, telle que l'indique la prononciation usuelle. Ainsi, les vers suivants :

> Quelques-unes étaient si près des dieux venues,
> VICTOR HUGO. *Le Satyre.* La Légende des Siècles.

> Barletta dans la Pouille, et Crême en Lombardie
> Valent une cité, mê-me forte et hardie ;
> VICTOR HUGO. *Éviradnus.* La Légende des Siècles.

se prononcent naturellement ainsi :

> Quel-quesu-ne- Sé-taient si près des dieux ve-nues,

et :

> Barletta dans la Pouille, et Crême en Lombardie
> Va-le Tu-ne cité, même for-tet-har-die.

Les mots terminés par un E muet précédé d'une ou de plusieurs voyelles, tels que *partie, absolue, vie, avoue, Térée, joie,* peuvent entrer dans le corps d'un vers, mais à la condition qu'ils seront suivis d'un mot qui commence par une voyelle avec lequel l'E final s'élide, comme dans les exemples suivants :

> On poursuit ma partie, on force une maison.
> RACINE. *Les Plaideurs.* Acte III, Scène III.

Vous ai-je acquis sur eux en ce dernier effort
La puissance absolue ET DE VIE ET de mort ?
>> Corneille. *Pompée*, Acte III, Scène II.

Oui, j'ai tort, je l'avoue, ET je quitte la place.
>> Molière. *Le Misanthrope*, Acte I, Scène III.

Sans cesse il vous souvient que TÉRÉE autrefois
 Parmi des demeures pareilles
Exerça sa fureur sur vos divins appas.
>> La Fontaine. *Philomèle et Progné*, Fables, Livre III, XV.

Toute la JOIE ER-rante en tourbillons de fêtes,
>> Victor Hugo. *La Trompette du Jugement.* La Légende des Siècles.

Oui, vous êtes le sang d'ATRÉE ET de Thyeste,
>> Racine. *Iphigénie en Aulide*, Acte IV, Scène IV.

Mais, si l'un de ces mots est suivi d'un s, il ne peut entrer dans le corps du vers, et il ne se place dans le vers qu'à la condition d'en être le dernier mot, comme dans les exemples suivants :

Avec des cris de joie ils ont compté tes PLAIES
 Et compté tes douleurs,
Comme sur une pierre on compte des MONNAIES
 Dans l'antre des voleurs.
>> Victor Hugo. *A Olympio.* Les Voix Intérieures, XXX.

Tandis que ces cités dans leur cendre ENFOUIES
Furent pleines jadis d'actions INOUIES,
>> Victor Hugo. *A l'Arc de Triomphe.* Les Voix Intérieures, IV

 Quand la trombe aux vagues s'appuie ;
 Quand l'orage, l'horreur, la pluie,
 Que tordent les brises d'hiver,

> Répandent avec des NUÉES
> Toutes les larmes des NUÉES
> Sur tous les sanglots de la mer;
>
> Victor Hugo. *Les Mages*. Les Contemplations, Livre VI, XXIII.

Cette règle, en ce qui concerne sa première partie surtout, est relativement très-moderne, comme celle qui la précède et qui veut que l'E muet ne puisse tomber à l'hémistiche; comme aussi celle dont je parlerai plus loin, et qui veut qu'en vers on évite l'HIATUS, c'est-à-dire la rencontre de deux voyelles qui ne s'élident pas. Nous n'avons pas voulu allonger démesurément ce travail par des exemples trop nombreux; mais en voici quelques-uns qui sont décisifs, et qui prouvent que jusqu'au milieu du XVIIe siècle la règle que je viens d'énoncer n'a pas eu force de loi, puisque nous trouvons chez Molière lui-même dans le *Dépit amoureux* (1658) le mot PARTIE dans le corps d'un vers, avec l'E muet final formant syllabe devant un mot commençant par une consonne :

> Mener JOY-E, FES-tes et danses.
>
> Villon. *Grand Testament*, CXLVIII.

> Combien de maux sont venus par envie
> Qui DÉ-VI-E les justes et les bons !
>
> Gringore. *Les Folles Entreprises*.

> Ici nous disons qu'il n'est femme
> Qui ne CRI-E, TEM-peste ou blasme,
>
> *Farce Moralisée*. Ancien Théâtre Français, Tome I.
> Bibliothèque elzévirienne)

DES-TOUR-BÉ-E NE soit, ne prise
De robeurs, escumeurs de mers;
Vent ne MA-RÉ-E ne lui nuyse,

CHARLES D'ORLÉANS. *Ballade* IX. Édition Charles d'Héricault. Chez Lemerre.

La PAR-TI-E BRU-tale alors veut prendre empire
Dessus la sensitive,

MOLIÈRE. *Dépit amoureux*, Acte IV, Scène III.

Mais ne nous inquiétons pas du passé (quant à présent du moins), car une *histoire* de la versification serait en même temps une histoire de la langue française et des patois qui l'ont formée! Cependant, lorsqu'il s'agira de conclure, je dirai, aussi brièvement que possible, ce que je pense de la valeur absolue des règles que j'ai énoncées, comme aussi ce que je pense de l'influence qu'elles ont eues sur la versification française et de l'avenir qui leur est réservé. Pour le moment, je me borne à achever de les exposer, en demandant au lecteur toute sa patience pour cette partie aride de mon travail, dont le plus grand tort est qu'on la trouve partout, et qu'elle ne pouvait montrer aucun point de vue nouveau! Pour achever ce chapitre indispensable, hélas! il me reste à parler de la DIPHTHONGUE et de l'HIATUS; une fois ce devoir rempli, peut-être pourrai-je dire une chanson qu'on n'a pas entendue partout, et comme dit Horace :

　　　　　　carmina non prius
　　Audita !

Le mot Diphthongue, à son origine, était adjectif du mot *syllabe*. L'usage a prévalu de le prendre substantivement. La diphthongue (de δίς, deux fois, et φθόγγος, son) est une syllabe qui fait entendre le son de deux voyelles par une seule émission de voix, modifiée par le concours des mouvements simultanés des organes de la parole.

Pour qu'une syllabe soit vraiment *diphthongue*, il faut ces deux points réunis : qu'en la prononçant il n'y ait pas, du moins sensiblement, deux mouvements successifs dans les organes de la parole ; et que l'oreille entende distinctement les deux voyelles par la même émission de voix. Lorsqu'on prononce le mot Dieu, j'entends l'i et la voyelle eu, et ces deux sons se trouvent réunis en une seule syllabe et énoncés en un seul temps. C'est l'oreille qui, en dernière analyse, est juge de la diphthongue ; on a beau écrire deux ou trois ou quatre voyelles de suite, si l'oreille n'entend qu'un son, il n'y a pas de diphthongue. Ainsi, malgré la double voyelle, il n'y en a pas dans la première syllabe du mot *au-mône* et du mot *au-ne*, qui se prononce comme un *ô* long ; il n'y en a pas non plus dans ait, oit et aient qui se prononce comme un e ouvert.

Il est indispensable, pour la versification, de savoir quand plusieurs voyelles qui se suivent forment ou ne forment pas diphthongue et doivent par conséquent se prononcer en une ou en plusieurs syllabes. Mais ici nous marchons sur un terrain brûlant, car à vrai dire la règle n'est nulle part; il faut s'en rapporter à ce fantôme masqué qu'on nomme l'USAGE et qui a autorisé tant de niaiseries et tant de crimes! Il faut bien le dire, à propos de la question qui nous occupe on trouve chez nos meilleurs poètes des fautes grossières et évidentes, et cependant l'autorité des poètes peut seule faire loi en pareille matière. Comme je l'ai dit en commençant, et pour cela comme pour le reste, c'est chez Victor Hugo, c'est dans l'impeccable *Légende des Siècles* qu'on trouve la vérité ou ce qui en approche le plus; cependant, s'il n'était bouffon de voir que Gros-Jean veuille en remontrer à son curé, j'oserais dire que je n'ai jamais pu partager le sentiment du plus grand des poëtes français sur la quantité du mot LIARD. Pour moi, LIARD ne formerait qu'une seule syllabe, tandis que, dans le livre, le jeune Aymerillot, sollicitant l'honneur de prendre Narbonne, dit à Charlemagne :

> Deux LI-ARDS couvriraient fort bien toutes mes terres,
> Mais tout le grand ciel bleu n'emplirait pas mon cœur!

Il y a un point sur lequel j'ose n'être pas d'accord avec celui qui a toujours raison : n'est-ce pas assez dire qu'ici nul n'a qualité pour formuler des règles? Celles que je vais énoncer résultent seulement d'observations faites d'après l'usage adopté par les meilleurs poètes; mais si les Dieux se trompent, à qui recourir, dans un pays où les marchandes d'herbes n'ont pas, comme à Athènes, l'oreille assez délicate pour corriger Euripide?

IA forme généralement deux syllabes, soit dans les substantifs, soit dans les verbes. On prononce *di-a-mant*, *ir-ré-mé-di-a-ble*, *in-cen-di-a*, *ca-mel-li-a*.

Dans le cuivre et le plomb DI-A-MANT enchâssé.
LAMARTINE. *Jocelyn*. Première époque.

Quelques mots font exception, *fia-cre*, *diacre*, *liard* (si mon maître veut bien le permettre) :

... soixante
Un chanoine, quatorze AR-CHI-DIA-CRES, cinquante
Docteurs,...
ALFRED DE MUSSET. *Mardoche*, Premières poésies.

Et aussi *dia-ble* et *ef-fro-ya-ble*, pour lesquels du moins je puis invoquer son autorité :

Eh bien ! que dites-vous de l'algarade ?— Ah ! *diable!*
Je dis que nous vivons dnas un siècle *ef-fro-ya-ble!*
VICTOR HUGO. *Ruy-Blas*, Acte 1, Scène II.

IAIS est de deux syllabes dans *ni-ais* et *li-ais*.

> Est-il, je le demande, un plus triste souci
> Que celui d'un NI-AIS qui veut dire une chose
> Et qui ne la dit pas, faute d'écrire en prose ?
> ALFRED DE MUSSET. *Après une lecture*. Poésies nouvelles.

> A chaque porte un camp, et, pardieu, j'oubliais !
> Là-bas, six grosses tours en pierres de LI-AIS.
> VICTOR HUGO. *Aymerillot*. La Légende des Siècles.

Il est d'une seule syllabe dans *biais*, *biai-ser*.

> Il est certains esprits qu'il faut prendre de *biais*.
> REGNARD. *Le Légataire universel*, Acte II, Scène 1.

IAU et **IAUX** sont dissyllabes dans *mi-au-le*, *fa-bli-aux*, *pro-vin-ci-aux*.

> Et se levant dans l'herbe avec un bâillement,
> Au travers de la nuit *mi-au-le* tristement.
> LECONTE DE LISLE. *Les Jungles*. Poèmes et Poésies.

Ils sont monosyllabes dans *a-lo-yau*, *jo-yau*, *no-yau* :

> Faux saphirs ! faux bijoux ! faux brillants ; faux JO-YAUX !
> VICTOR HUGO. *Hernani*, Acte III, Scène IV.

On pourrait dire que c'est presque toujours dans les mots simples que la syllabe IAU forme diphthongue et dans les mots composés qu'elle se divise, et en général c'est ce qui a lieu pour les syllabes où se trouvent plusieurs voyelles consécutives ; mais, comme le prouve le mot *mi-au-le* et comme bien d'autres le prouveraient aussi, il y aurait trop d'exceptions à cette règle pour qu'elle puisse être une règle.

Excepté dans le mot *viande*, IANT forme deux syllabes, comme dans *cri-ant, con-tra-ri-ant, con-ci-li-ant*; IENT est également dissyllabe, comme dans *O-ri-ent, pa-ti-ent, in-con-vé-ni-ent*; mais YANT par un Y est monosyllabe, comme dans *cro-yant, ef-fra-yant, flam-bo-yant*.

> Et je me soûlerai de nard, d'encens, de myrrhe,
> De génuflexions, de VIAN-DES et de vins,
> Pour savoir si je puis dans un cœur qui m'admire
> Usurper en riant les hommages divins!
>   CHARLES BAUDELAIRE. *Bénédiction*. Spleen et Idéal.

> Mais voyez. — Du ponent jusques à L'O-RI-ENT,
> L'Europe, qui vous hait, vous regarde en RI-ANT.
>   VICTOR HUGO. *Ruy-Blas*, Acte III, Scène II.

> Celui qu'en DÉ-GA-YANT nous appelons Esprit,
>   VICTOR HUGO. *Sultan Mourad*. La Légende des Siècles

IEN est de deux syllabes, dans *sci-en-ce, o-bé-di-en-ce, au-di-en-ce*; il est d'une seule syllabe dans *fa-ïen-ce, Ma-yen-ce*.

> Mais où dormirez-vous, mon père? A L'AU-DI-ENCE.
>   RACINE. *Les Plaideurs*, Acte I, Scène V.

IEN dans *bien, mien, rien, sien, com-bien, chien*, ne forme qu'une seule syllabe. Il en forme deux dans *li-en*, *Bo-hé-mi-en*, *co-mé-di-en*, *In-di-en*, *mu-si-ci-en*. Dans *chré-tien* il est monosyllabe; dans *an-cien* on peut à volonté le prononcer en une ou deux syllabes.

> Ce livre des oiseaux et des BO-HÉ-MI-ENS,
> Ce poëme de Dieu qui vaut mieux que les MIENS.
> VICTOR HUGO. *A des Oiseaux envolés*. Les Voix intérieures, XXVI.

> N'y enseigne l'usage
> De l'amoureux breuvage
> Ny l'art des AN-CI-ENS
> MA-GI-CI-ENS,
> RONSARD. *De l'élection de son sépulchre*. Odes, Livre IV, IV.

> Le Roi! Le Roi! mon père
> Est mort sur l'échafaud, condamné par le SIEN.
> Or, quoiqu'on ait vieilli depuis ce fait AN-CIEN,
> VICTOR HUGO. *Hernani*, Acte II, Scène I.

IÉ ou IÈ, avec l'É fermé ou l'È ouvert, est habituellement d'une syllabe, comme dans *piè-ce*, *diè-te*, *a-mi-tié*, *fiè-vre*, *miè-vre*, *liè-vre*, *diè-se*.

> La PIÈCE, à parler franc, est digne de Molière;
> ALFRED DE MUSSET. *Les Marrons du feu*, Prologue.

> Non, vous dis-je; on devrait chastier sans PI-TIÉ
> Ce commerce honteux de semblant d'A-MI-TIÉ.
> MOLIÈRE. *Le Misanthrope*, Acte I, Scène I.

> Assoupis dans son sein cette FIÈ-VRE brûlante.
> ANDRÉ CHÉNIER. *Le jeune malade*. Idylles, IV.

> Nostre LIÈ-VRE n'avoit que quatre pas à faire;
> LA FONTAINE. *Le Lièvre et la Tortue*. Fables, Livre VI, X.

Mais il faut excepter les verbes en *ier* à l'infinitif et en *ié* au participe, dans lesquels IE est de deux syllabes comme *in-cen-di-er, ou-bli-er, co-lo-rié*.

> N'apprenez point ce qu'il faut OU-BLI-ER.
> PARNY. *Plan d'études.*

IER ne forme qu'une syllabe dans les adjectifs et dans les substantifs, comme dans *col-lier, bu-che-lier, mû-rier*. Dans ce dernier mot, IER précédé d'un R ne forme qu'une syllabe; cependant il en forme généralement deux lorsque dans les substantifs il est précédé d'un R ou d'un L, comme *meur-tri-er, bou-cli-er*. Mais la règle n'est pas sans de nombreuses exceptions, car on dit *guer-rier, lau-rier, fa-mi-lier*.

> .... et sous les pieds GUER-RIERS,
> Une nuit de poussière, et les chars MEUR-TRI-ERS,
> ANDRÉ CHÉNIER. *L'Aveugle.* Idylles, II.

> Oui, mon vers croit pouvoir, sans se MÉ-SAL-LI-ER,
> Prendre à la prose un peu de son air FA-MI-LIER.
> VICTOR HUGO. *A André Chénier.* Les Contemplations, Livre I, v.

> Des ours d'or accroupis portent de lourds PI-LIERS
> Où pendent les grands arcs, les pieux, les BOU-CLI-ERS,
> LECONTE DE LISLE. *Le Runoïa.* Poèmes et Poésies.

Sanglier, après avoir formé autrefois deux syllabes, en forme trois aujourd'hui, et *hier*, le seul mot français avec *duel* dont la quantité soit absolument facultative, peut s'écrire, au gré du poète, *hier* ou *hi-er*.

> La bauge du san-glier, du cerf la reposée,
> AGRIPPA D'AUBIGNÉ. *Les Tragiques*, Livre II, Princes.

> Quand le san-gli-er tombe et roule sur l'arène.
> AUGUSTE BARBIER. *La Curée*. Iambes.

> Hier j'avais cent tambours tonnant à mon passage;
> VICTOR HUGO. *La Bataille perdue*. Les Orientales, XVI.

> Hi-er, le vent du soir, dont le souffle caresse,
> Nous apportait l'odeur des fleurs qui s'ouvrent tard;
> VICTOR HUGO. *Hier au soir*. Les Contemplations, Livre II, V.

IÈRE ne forme qu'une syllabe, comme dans *pre-miè-re*, *pau-piè-re*, *al-tiè-re*, excepté dans les mots comme *meur-tri-ère*, *pri-è-re*, où l'i est précédé de l'r et d'une autre consonne avant l'r.

IÈRE est monosyllabe dans *tou-rière*, *ver-rière*, *car-riè-re*, *pier-re*, *lier-re*, *bar-riè-re*, *cour-riè-re*.

> Sa barbe, d'or jadis, de neige maintenant,
> Faisait trois fois le tour de la table de pierre;
> Ses longs cils blancs fermaient sa pesante pau-pière;
> VICTOR HUGO. *Les Burgraves*, Acte I, Scène II.

> Mon Otbert, je veux vivre! écoute ma pri-ère!
> Ne me laisse pas choir sous cette froide pierre!
> VICTOR HUGO. *Les Burgraves*, Acte I, Scène IV.

IEF est monosyllabe dans *re-lief*, *fief*; il est dissyllabe dans *gri-ef*.

D'outrer le ridicule on lui fait un gri-ef :
C'est grâce à ce défaut qu'il le met en re-lief.
Alphonse Pagès. *Molière à Pézénas*, Scène vii.

IEL est monosyllabe dans *ciel, miel, fiel;* il est dissyllabe dans *Ga-bri-el, A-la-ci-el, es-sen-ti-el, of-fi-ci-el, pro-vi-den-ti-el, mi-nis-té-riel.*

Vois l'abricot naissant, sous les yeux d'un beau ciel,
Arrondir son fruit doux et blond comme le miel ;
André Chénier. *La Liberté.* Idylles, iii.

Le fiel dont la satire envenime ses traits.
André Chénier. Élégies, ix.

Voilà ceux que le pape, en style of-fi-ci-el,
Dans Rome a proclamé les défenseurs du ciel.
Barthélemy. *Au Pape.* Némésis.

IELLE est de deux syllabes dans *ky-ri-el-le, fi-du-ci-el-le, ar-té-ri-el-le;* il est d'une seule syllabe dans *nielle.*

Enfin la longue ky-ri-elle
De tout le phébus ancien.
Gresset. *Épître au P. Bougeant.*

IEUX est dissyllabe dans les adjectifs comme *sou-ci-eux, dé-li-ci-eux, pi-eux,* excepté dans ceux où yeux s'écrit par un y, comme *jo-yeux, gi-bo-yeux.* Il est monosyllabe dans tous les autres mots, comme *yeux, cieux, mieux, pieux, adieux.*

Nous avons Ulm, Augsbourg, closes de mauvais pieux !
L'œuvre de Charlemagne et d'Othon-le-Pi-eux
N'est plus.
Victor Hugo. *Les Burgraves*, Deuxième Partie, Scène 1.

ION et IONS est de deux syllabes dans les substantifs, comme *li-on, pas-si-ons, ga-li-ons*. Mais ions, première personne du pluriel des verbes, ne forme généralement qu'une syllabe : *ai-mions, des-cen-dions, se-rions, pas-sions*.

C'est tout simple ; et vraiment nous se-rions bonnes âmes
De nous émerveiller...
Victor Hugo. *A Juvénal*. Les Châtiments. Livre VI, xiii.

Qui seul au fond du cœur, où nous les en-tas-sions,
Brûle les vains débris des autres pas-si-ons !
Victor Hugo. *Marion Delorme*, Acte I, Scène iii.

Mais, quand, dans les verbes, la terminaison ions est précédée d'un r précédé lui-même d'une autre consonne, elle devient dissyllabique, comme dans *pri-ons, en-tri-ons, cri-ons, tri-ons*. Elle est encore dissyllabique à l'impératif des verbes qui ont l'infinitif en ier ; ainsi on prononce *men-di-ons, psal-mo-di-ons, é-di-fi-ons, mul-ti-pli-ons* ; mais elle reste monosyllabique au conditionnel de ces mêmes verbes, et il faut prononcer : nous *mul-ti-plie-rions*, nous *é-di-fie-rions*.

Vois-tu, nous fini-rions par rompre notre pacte.
Nous l'aimons. Tuons-la.
Victor Hugo. *Éviradnus*. La Légende des Siècles.

> Loin des bancs où pâlit l'enfance prisonnière
> Nous AU-RIONS fait tous deux l'école buissonnière.
>
> HÉGÉSIPPE MOREAU. *Sur la mort d'une cousine de sept ans. Le Myosotis.*

Par exception, le mot *rions*, présent de l'indicatif ou impératif du verbe *rire*, se prononce en deux syllabes *ri-ons*, bien que l'n qui commence ce mot ne soit pas précédé d'une consonne.

> L'empire se met aux croisées :
> RI-ONS, jouons, soupons, dînons !
> Des pétards aux Champs-Élysées !
> A l'oncle il fallait des canons,
> Il faut au neveu des fusées.
>
> VICTOR HUGO. *Idylles. Les Châtiments, Livre II, 1.*

IUS, terminaison de beaucoup de noms propres latins, est dissyllabe dans *Ju-li-us*, *Fla-vi-us*, *Va-le-ri-us*, et dans tous les noms où IUS est précédé d'une consonne; au contraire, IUS est monosyllabe quand il est précédé d'une voyelle, comme dans *Cne-ius* et *La-ius*.

> MAR-CI-US écumant apparut devant eux.
>
> LOUIS BOUILHET. *Mélænis, Chant II.*

> Du meurtre de LA-IUS Œdipe me soupçonne.
>
> VOLTAIRE. *Œdipe*, Acte II, Scène IV.

OÉ, OË ou OE forment deux syllabes, comme dans *No-é*, *po-é-sie*, *po-ë-me*, *po-ë-te*; cependant on disait autrefois *poète* et *poème*, en faisant OE d'une seule syllabe

Thomas est en travail d'un gros po-È-me épique ;
Marmontel enjolive un roman po-étique.
GILBERT, Satires, I.

OELLE ne forme qu'une seule syllabe, dans *moel-le, moel-leux* :

Quand le froid de la mort...
Dans le creux de tes os fera geler la NOELLE,
AUGUSTE BARBIER, Desperatio. Iambes.

MOEL-LEUX comme une chatte et frais comme une rose.
ALFRED DE MUSSET, Namouna. Poésies nouvelles.

OIN est toujours monosyllabe, comme dans *soin; be-soin, loin, ben-join, ac-coin-tance.*

Jamais ne t'écarte si LOIN
Qu'aux embusches qu'on lui peut tendre
Tu ne sois prest à le défendre
Si tost qu'il en aura BESOIN.
MALHERBE, Sur l'Attentat commis en la personne de
Henry-le-Grand. Poésies, XXI.

OUÉ est de deux syllabes, comme dans *lou-é, jou-é, en-jou-é, a-vou-é, trou-é.*

Il rentrait pesamment avec son pont TROU-É,
Avec son pavillon au cabestan CLOU-É.
BARTHÉLEMY, Au Peuple anglais. Némésis.

OUER est également de deux syllabes, comme dans *lou-er, jou-er, avou-er.*

Et que, par la chaleur de montrer ses ouvrages,
On s'empresse à JOU-ER de mauvais personnages.
MOLIÈRE, Le Misanthrope, Acte 1, Scène II.

OUET est de deux syllabes, comme dans *jou-et*, *bron-et*, *rou-et*. Il faut excepter *fouet* et *fouet-ter*.

> Comme un JOU-ET vivant ta droite m'a saisi.
> LAMARTINE. *L'Homme*. Premières Méditations poétiques, II.

> Les captifs sous le FOUET travaillent dès l'aurore.
> VICTOR HUGO. *Les Burgraves*, Acte I, Scène I.

> Pas un oiseau ne passe en FOUET-TANT de son aile
> L'air épais,...
> LECONTE DE LISLE. *Les Éléphants*. Poèmes et Poésies.

OUE sans accent sur l'E ne forme qu'une syllabe dans le corps du mot, comme dans *dé-voue-ment*, je *loue-rai*, nous *joue-rions*, *en-goue-ment*, *en-joue-ment*.

> Par cet air de sérénité,
> Par cet ENJOUE-MENT affecté,
> D'autres seront trompés peut-être.
> PARNY. Élégies, X.

OUIR forme deux syllabes, comme dans *ou-ir*, *jou-ir*, *en-fou-ir*, *é-pa-nou-ir*, *é-va-nou-ir*.

> Un jour tombe, un autre se lève;
> Le printemps va S'É-VA-NOU-IR;
> Chaque fleur que le vent enlève
> Nous dit : Hâtez-vous d'en JOU-IR.
> LAMARTINE. *La Branche d'amandier*. Secondes Méditations poétiques, XVI.

OUI affirmation est monosyllabe. Mais dans les autres mots, OUI et OUIS sont dissyllabes. Ainsi on prononce *é-blou-i, é-va-nou-is, ré-jou-i, Lou-is,* des *lou-is.*

> Oui, je viens dans son temple adorer l'Éternel.
> RACINE. *Athalie,* Acte 1, Scène I.

> Je n'ai jamais ou-ï de vers si bien tournés.
> MOLIÈRE. *Le Misanthrope,* Acte 1, Scène II.

> Et nous nous regardions d'un œil presque É-BLOU-I,
> Comme les deux géants d'un monde É-VA-NOU-I !
> VICTOR HUGO. *Les Burgraves,* Troisième partie, Scène I.

> L'empereur, mon aïeul, disait au roi LOU-IS :
> VICTOR HUGO. *Hernani,* Acte IV, Scène IV.

UER et **UÉ** avec l'accent sont dissyllabes, comme dans *hu-er, tu-er, res-ti-tu-er, gra-du-é, ponc-tu-é, Jo-su-é.*

> S'il ose effrontément nu-ER leurs mascarades,
> HÉGÉSIPPE MOREAU. *Diogène.*

> Quand Jo-su-É rêveur, la tête au ciel dressée,
> VICTOR HUGO. *Les Châtiments,* Livre VII, I.

UI, UIR, UIS, et **UIT** ne forment ordinairement qu'une syllabe, comme dans *lui, cuir, fuir, buis, nuits, huis, nuit, fruits, muids, luis, cuis, puis,* et au milieu des mots, comme dans *con-dui-re, dé-gui-ser, at-gui-ser, pui-ser, cons-trui-re.*

UI, UIS précédés de R forment quelquefois une seule syllabe, comme dans *fruits, bruits, détruits;* quelquefois deux, comme dans *bru-i-re,* *bru-is*, *ru-i-ne*, et dans le charmant mot *bru-i-ne*.

> Et si de nos beaux jours les derniers avaient LUI,
> Je pourrais hardiment n'en accuser que LUI.
> > BARTHÉLEMY. *L'Émeute universelle.* Némósis.

> Il verra sans effet leur honte se PRO-DUI-RE
> Et rendra les desseins qu'ils feront pour lui NUI-RE
> Aussitost confondus comme délibérés.
> > MALHERBE. *Prière pour le roi Henri-le-Grand.* Poésies, XX.

> Des empires DÉ-TRUITS je méditai la cendre.
> > LAMARTINE. *L'Homme.* Premières Méditations poétiques, II.

> Que mesme ton repos enfante quelque FRUICT.
> > AGRIPPA D'AUBIGNÉ. *Les Tragiques*, Livre II, Princes.

> Et je prends tous ces biens pour des maux DÉ-GUI-SÉS.
> > CORNEILLE, *Rodogune*, Acte I, Scène V.

> L'herbe tremble et BRU-IT comme une multitude,
> > VICTOR HUGO. *Pleurs dans la nuit.* Contemplations, Livre VI, VI.

> Le Rhin déshonoré coule entre des RU-I-NES !
> > VICTOR HUGO. *Les Burgraves*, Première partie, Scène VI.

Pour cette longue énumération prosodique [1], j'ai dû me servir en grande partie du chapitre intitulé : *De la diphthongue, ou réunion de deux sons en une seule syllabe*, dans l'excellent travail que Napoléon Landais a placé en tête de son Dictionnaire des Rimes. (*Dictionnaire des Rimes*

---

[1]. Par le mot PROSODIE on entend la manière de prononcer régulièrement dans les mots chaque syllabe prise à part et considérée en elle-même.

Françaises, précédé d'un nouveau traité de Versification, par Napoléon Landais et L. Barré. — Paris, Didier, 1859). Il m'eût été d'ailleurs impossible de ne pas me rencontrer avec lui, puisque l'ordre qu'il a adopté pour le classement des diphthongues est le seul logique et raisonnable. Je n'aurai pas eu, du moins, comme certains *savants*, l'effronterie de dépouiller mon auteur sans le citer, quoique l'usage ait consacré cette règle bien plus qu'aucune de celles dont je viens de défiler le chapelet.

Mais quelle nomenclature ! ne serait-ce pas le cas de nous écrier comme Sosie :

> Et je m'en vais au ciel, avec de l'ambroisie,
> M'en débarbouiller tout à fait.

Notre ambroisie à nous sera, si nos maîtres nous permettent de la puiser chez eux, la science du Mètre et de la Rime, qui, elle aussi contient une ivresse divine !

CHAPITRE III

LA RIME

Le plus grand critique de notre temps, qui en est aussi un des meilleurs poëtes, Sainte-Beuve, chante ainsi LA RIME sur un beau rhýthme emprunté à Ronsard et à la pléiade du XVI° siècle :

> Rime, qui donnes leurs sons
>   Aux chansons,
> Rime, L'UNIQUE HARMONIE
> Du vers, qui, sans tes accents
>   Frémissants,
> Serait muet au génie ;
>
> Rime, écho qui prends la voix
>   Du hautbois
> Ou l'éclat de la trompette,
> Dernier adieu d'un ami
>   Qu'à demi
> L'autre ami de loin répète ;
>
> Rime, tranchant aviron,
>   Éperon
> Qui fends la vague écumante ;
> Frein d'or, aiguillon d'acier
>   Du coursier
> A la crinière fumante ;

Agrafe, autour des seins nus
  De Vénus
Pressant l'écharpe divine,
Ou serrant le baudrier
  Du guerrier
Contre sa forte poitrine ;

Col étroit par où saillit
  Et jaillit
La source au ciel élancée,
Qui, brisant l'éclat vermeil
  Du soleil,
Tombe en gerbe nuancée ;

Anneau pur de diamant
  Ou d'aimant,
Qui, jour et nuit, dans l'enceinte
Suspends la lampe, ou le soir
  L'encensoir
Aux mains de la Vierge sainte ;

Clef, qui, loin de l'œil mortel,
  Sur l'autel
Ouvres l'arche du miracle ;
Ou tiens le vase embaumé
  Renfermé
Dans le cèdre ou tabernacle ;

Ou plutôt, fée au léger
  Voltiger,
Habile, agile courrière
Qui mènes le char des vers
  Dans les airs
Par deux sillons de lumière !

SAINTE-BEUVE, *A la Rime*, Poésies de Joseph Delorme

Qui aura bien lu ces vers saura ce qu'est la RIME et aussi ce qu'est le vers français, car la RIME, comme ils le disent, est l'unique harmonie des vers et elle est tout le vers. Dans le vers, pour peindre, pour évoquer des sons, pour susciter et fixer une impression, pour dérouler à nos yeux des spectacles grandioses, pour donner à une figure des contours plus purs et plus inflexibles que ceux du marbre ou de l'airain, la RIME est seule et elle suffit. C'est pourquoi *l'imagination de la Rime* est, entre toutes, la qualité qui constitue le poëte. Je vais expliquer ce que j'entends par là.

Je vais dès le premier mot prendre absolument le contre-pied des idées reçues : mon excuse, c'est que j'ai raison et que je vais, pour la première fois, dire LA VÉRITÉ, que savent tous les poëtes. On a cru qu'il fallait la cacher à l'endroit le plus secret du tabernacle : pour moi, je pense que le temps est venu d'expliquer tous les mythes et de divulguer toutes les vérités. On peut sans inconvénient divulguer LE SECRET de l'art des vers, et cela pour deux raisons. La première, c'est que les hommes non organisés pour l'art des vers ne croiront pas que c'est en effet le vrai secret; la seconde c'est que, le connaissant, ils n'en pourront absolument rien faire, car il faut pour s'en servir avoir reçu un don surnaturel et divin.

Ceci va vous paraître étrange et n'est pourtant que strictement vrai : *on n'entend dans un vers que le mot qui est à la rime*, et ce mot est le seul qui travaille à produire l'effet voulu par le poëte. Le rôle des autres mots contenus dans le vers se borne donc à ne pas contrarier l'effet de celui-là et à bien s'harmoniser avec lui, en formant des résonnances variées entre elles, mais de la même couleur générale.

Quoi! dira-t-on, un mot faire tant de choses, un seul mot! et tout de suite on pensera à la bonne bouffonnerie de Molière dans *Le Bourgeois Gentilhomme* :

COVIELLE.

Ossa binamen sadoc baballi oracaf ouram.

CLÉONTE.

Belmen.

COVIELLE.

Il dit que vous alliez vite avec lui vous préparer pour la cérémonie, afin de voir ensuite votre fille, et de conclure e mariage.

MONSIEUR JOURDAIN.

Tant de choses en deux mots ?

COVIELLE.

Oui, la langue turque est comme cela, etc.

L'objection qui naturellement se présente à l'esprit ne saurait être mieux formulée, et comme je ne veux pas être soupçonné de parler le turc de mamamouchi, je me hâte d'y répondre.

Ce n'est pas en décrivant les objets sous leurs aspects divers et dans leurs moindres détails que le vers les fait voir; ce n'est pas en exprimant les idées *in extenso* et dans leur ordre logique qu'il les communique à ses auditeurs; mais IL SUSCITE dans leur esprit ces images ou ces idées, et pour les susciter il lui suffit en effet d'un mot. De même, au moyen d'une touche juste, le peintre suscite dans la pensée du spectateur l'idée du feuillage de hêtre ou du feuillage de chêne: cependant vous pouvez vous approcher du tableau et le scruter attentivement, le peintre n'a représenté en effet ni le contour ni la structure des feuilles de hêtre ou de chêne; c'est dans notre esprit que se peint cette image, parce que le peintre l'a voulu. Ainsi le poëte.

C'est donc le mot placé à la rime, le dernier mot du vers qui doit, comme un magicien subtil, faire apparaître devant nos yeux tout ce qu'a voulu le poëte. Mais ce mot sorcier, ce mot fée, ce mot magique, où le trouver et comment le trouver?

Rien de plus facile.

Car, si vous êtes poëte, vous commencerez par voir distinctement dans la chambre noire de votre cerveau tout ce que vous voulez montrer à votre auditeur, et EN MÊME TEMPS que les visions, se présenteront SPONTANÉMENT à votre esprit les mots qui, placés à la fin des vers, auront le don d'évoquer ces mêmes visions pour vos auditeurs. Le reste ne sera plus qu'un travail de goût et de coordination, un travail d'art qui s'apprend par l'étude des maîtres et par la fréquentation assidue de leurs œuvres.

Si au contraire vous n'êtes pas poëte, vous n'aurez que des visions confuses, que nul peintre ne pourrait, d'après votre récit, traduire d'une manière claire et intelligible; et les mots qui pourront susciter ces mêmes visions dans l'esprit de votre auditeur ne vous viendront pas à la pensée. Car ce n'est ni le bon sens, ni la logique, ni l'érudition, ni la mémoire, qui fournissent ces mots armés d'un si étrange pouvoir; ils ne se présentent à la pensée qu'en vertu d'un DON spécial, qui ne s'acquiert pas.

Étant donné qu'un mot type, qu'un mot absolu doit, pour la plus grande partie, susciter l'image voulue, il doit être bien difficile, dira-t-on, de trouver le mot qui doit rimer avec celui-là et compléter le tableau qu'il peint, en même temps qu'il formera avec lui un accord parfait.

Non, cela n'est aucunement difficile, et toujours pour la même raison. C'est que si vous êtes poëte, le mot type se présentera à votre esprit tout armé, c'est-à-dire accompagné de sa rime! Vous n'avez pas plus à vous occuper de le trouver que Zeus n'eut à s'occuper de coiffer le front de sa fille Athènè du casque horrible et de lui attacher les courroies de sa cuirasse, au moment où elle s'élança de son front, formidable et sereine comme l'éclair qui déchire la nuée. La rime jumelle s'imposera à vous, vous prendra au collet, et vous n'aurez nullement à la chercher! Si au contraire vous n'êtes pas poëte, vous pouvez comme Boileau aller chercher votre rime au coin d'un bois et lui demander la bourse ou la vie; vous pouvez même la poursuivre dans les pays torrides ou jusque dans les glaces où se perdit le capitaine Franklin, vous êtes certain de ne pas la trouver. Car, de même que certains hommes ont reçu du ciel *le don de rimer*, d'autres hommes ont reçu du ciel, en naissant, LE DON DE NE PAS RIMER. Don surnaturel et inexplicable, comme l'autre. M. Scribe, par exemple (après Voltaire), avait reçu le don de ne pas rimer; il le posséda jusqu'au miracle; aussi faut-il admirer chez lui cette faculté sans vouloir l'expliquer, non plus qu'aucun miracle.

Au quatrième acte de l'opéra intitulé *L'Enfant prodigue*, un jeune Chamelier chante ainsi :

> Ah ! dans l'Arabie
> Quel heureux métier,
> Quelle douce vie
> Même un chamelier !
> Il franchit l'espace,
> Rapide comme le vent.
> Sans laisser de trace
> Au sable...

Quel mot M. Scribe va-t-il écrire pour terminer son couplet ? Belle demande ! il n'y en a qu'un de possible ! la Rime, la Raison, le Bon Sens, la Justice, la Nécessité indiquent le même mot MOUVANT. C'est le seul d'abord qui rimera bien avec le mot VENT, mais ceci n'est rien ; le sens indique tyranniquement le mot *mouvant*, car c'est parce que le sable est *mouvant* que le chamelier (je crois que M. Scribe a voulu dire : le chameau) n'y laissera pas de trace. Donc, nulle incertitude, puisque le mot *mouvant* est le seul possible.

M. Scribe ne le mettra pas. — Car un dieu, le dieu qui veille à ce que le don de ne pas rimer reste entier et inaliénable chez M. Scribe, lui ôtera, par un prodige ! la mémoire du mot MOUVANT au moment où ce mot est le seul dont il aurait besoin ! M. Scribe écrira donc, toujours en parlant de ce chamelier, qui a trouvé le moyen de mener *un heureux métier*, en même temps qu'il mène une douce vie :

> Il franchit l'espace,
> Rapide comme le vent,
> Sans laisser de trace
> Au sable... BRULANT !

Le poëte *pense en vers* et n'a qu'à transcrire ce qui lui est dicté : l'homme qui n'est pas poëte pense en prose, et ne peut que TRADUIRE EN VERS ce qu'il a pensé en prose. Aussi ses vers n'ont-ils jamais plus de valeur que n'en a une version anglaise ou italienne écrite par un Français, la grammaire sous ses yeux et le dictionnaire à la main. Et je n'affirme pas au hasard ! nous avons là-dessus de naïves révélations, et de l'homme qui est poëte et de l'homme qui ne l'est pas. Parfois Victor Hugo, las d'avoir chanté tout l'été et aussi tout l'hiver pendant cinquante hivers et autant d'étés, voudrait dormir sa nuit, comme un simple manœuvre ; quand il forme ce projet ambitieux, c'est qu'il a compté sans son Hôtesse !

> Mais au milieu des nuits, s'éveiller ! quel mystère !
> Songer, sinistre et seul, quand tout dort sur la terre !
> Quand pas un œil vivant ne veille, pas un feu ;
> Quand les sept chevaux d'or du grand chariot bleu
> Rentrent à l'écurie et descendent au pôle,
> Se sentir dans son lit toucher soudain l'épaule
> Par quelqu'un d'inconnu qui dit : Allons ! c'est moi !
>
>   E.

Travaillons! — La chair gronde et demande pourquoi.
— Je dors, je suis très-las de la course dernière;
Ma paupière est encor du somme prisonnière;
Maître mystérieux, grâce! que me veux-tu?
Certe, il faut que tu sois un démon bien têtu
De venir m'éveiller toujours quand tout repose!
Aie un peu de raison. Il est encor nuit close;
. . . .
Va-t'en, tu reviendras demain, au jour, ailleurs.
Je te tourne le dos, je ne veux pas! décampe!
Ne pose pas ton doigt de braise sur ma tempe.
La biche illusion me mangeait dans le creux
De la main; tu l'as fait enfuir. J'étais heureux,
Je ronflais comme un bœuf; laisse-moi. C'est stupide.
Ciel! déjà ma pensée, inquiète et rapide,
Fil sans bout, se dévide et tourne à ton fuseau.
TU M'APPORTES UN VERS, étrange et fauve oiseau
Que tu viens de saisir dans les pâles nuées.
Je n'en veux pas. Le vent, de ses tristes huées,
Emplit l'antre des cieux; les souffles, noirs dragons,
Passent en secouant ma porte sur ses gonds.
— Paix là! va-t'en, bourreau! quant au vers, je le lâche.
Je veux toute la nuit dormir comme un vieux lâche;
Voyons, ménage un peu ton pauvre compagnon.
Je suis las, je suis mort, laisse-moi dormir! — Non!
Est-ce que je dors, moi? dit l'idée implacable.
Penseur, subis ta loi; forçat, tire ton câble.
Quoi! cette bête a goût au vil foin du sommeil!
L'orient est pour moi toujours clair et vermeil.
Que m'importe le corps! qu'il marche, souffre et meure!
Horrible esclave, allons, travaille! c'est mon heure.

VICTOR HUGO. *Insomnie*. Les Contemplations. Livre III, xx.

Voilà comment la Rime traite le poète des *Contemplations* lorsqu'il a l'outrecuidance de vouloir

se reposer et de se croire libre. Avec Boileau, qui fait, lui aussi, sa confession sincère, c'était tout autre chose. Elle faisait comme le chien de Jean de Nivelle et s'enfuyait comme si elle avait eu le feu à ses cottes. Aussi *le législateur du Parnasse*, qui en effet, comme poëte, n'a pas fait autre chose que de dicter des lois à une montagne, exprimait-il ingénûment ses chagrins à Molière, dont la facilité le déroutait et bouleversait toutes ses idées :

Rare et fameux Esprit, dont la fertile veine
Ignore en écrivant le travail et la peine;
Pour qui tient Apollon tous ses trésors ouverts,
Et qui sais à quel coin se marquent les bons vers;
Dans les combats d'esprit savant Maître d'escrime,
Enseigne-moi, Molière, où tu trouves la rime.
ON DIRAIT, QUAND TU VEUX, QU'ELLE VIENT TE CHERCHER,
Jamais au bout du vers on ne te voit broncher;
Et sans qu'un long détour t'arrête, ou t'embarrasse,
A peine as-tu parlé qu'elle-même s'y place.
Mais moi qu'un vain caprice, une bizarre humeur
Pour mes péchés, je crois, fit devenir Rimeur :
Dans ce rude métier où mon esprit se tue,
En vain pour la trouver je travaille et je sue.
Souvent j'ai beau rêver du matin jusqu'au soir :
Quand je veux dire *blanc*, la quinteuse dit *noir*.
Si je veux d'un galant dépeindre la figure,
Ma plume pour rimer trouve l'Abbé de Pure :
Si je pense exprimer un Auteur sans défaut,
La Raison dit Virgile, et la Rime Quinaut.

BOILEAU, *A M. de Molière, Satires*, II.

Certes entre Boileau et la Rime c'était une guerre à mort, car, en lui dictant des mots qui exprimaient le contraire de sa pensée, l'implacable Déesse avait encore soin que ces mots ne rimassent pas entre eux ! Car si le mot *Quinaut* exprimait mal la pensée de Boileau, il était bien malheureux pour lui qu'il en fût réduit à le faire rimer avec *défaut*, puisqu'il manque à cette rime la CONSONNE D'APPUI, et que pour rimer convenablement avec *défaut*, il aurait fallu écrire non pas *Quinaut* mais *Quivaut*.

La CONSONNE D'APPUI est la consonne qui, dans les deux mots qui riment ensemble, se trouve placée immédiatement devant la dernière voyelle ou diphthongue pour les mots à rime masculine, et immédiatement devant l'avant-dernière voyelle ou diphthongue, pour les mots à rime féminine. Ainsi dans les quatre vers suivants :

> Premier mai ! l'amour gai, triste, brûlant, jaloux,
> Fait soupirer les bois, les nids, les fleurs, les loups ;
> L'arbre où j'ai, l'autre automne, écrit une devise,
> La redit pour son compte et croit qu'il l'improvise.
>
> VICTOR HUGO. *Premier Mai*. Les Contemplations, Livre II, 1.

la consonne d'appui pour les mots masculins *jaloux* et *loups* est la lettre L ; et pour les mots féminins *devise* et *improvise*, la consonne d'appui est la lettre V. Sans consonne d'appui, pas de Rime et, par conséquent, pas de poésie; le poëte consentirait plutôt à perdre en route un de ses bras ou une de ses jambes qu'à marcher sans la consonne d'appui; mais Boileau n'avait ni à la retenir ni à se séparer d'elle, il ne la rencontre jamais que par hasard, et cet érudit, ce latiniste excellent, ce critique fin et sagace dont on relira toujours les lettres, ce sévère ami que Molière et Racine avaient raison d'écouter religieusement, mourut sans s'être douté que, pour rimer exactement avec *figure*, il aurait fallu écrire non pas l'*Abbé de Pure*, mais l'*Abbé de Gure!*

La Rime et lui ne se réconcilièrent jamais, ou, pour mieux dire, ils ne se connaissaient pas. Le morceau que j'ai cité plus haut contient et résume en lui seul toutes les hérésies qu'il soit possible d'imaginer contre la poésie et contre la rime. Aux deux premiers vers :

Rare et fameux Esprit, dont la fertile veine
Ignore en écrivant le travail et la peine;

nous rencontrons tout d'abord *une veine qui écrit* et qui *ignore le travail*. Voyez-vous d'ici un peintre sachant son métier, Ingres ou Delacroix, condamné à représenter cela sur une toile! Et plus loin, à ces vers :

> Enseigne-moi, Molière, où tu trouves la rime.
> On dirait, quand tu veux, qu'elle vient te chercher,
> Jamais au bout du vers on ne te voit broncher;
> Et, sans qu'un long détour t'arrête ou t'embarrasse,
> A peine as-tu parlé qu'elle-même s'y place.

je n'insisterai pas sur *l'arrête ou l'embarrasse,* que M. Scribe a si heureusement imité dans son vers célèbre :

> Quoi qu'il advienne ou qu'il arrive,
> *Les Huguenots.* Acte III, Scène IV.

Mais Boileau s'étonne que la Rime vienne chercher Molière, quand il veut; elle fait ainsi son état de Rime; il faut qu'elle vienne chercher le poëte, et elle y viendrait tout de même, quand il ne le voudrait pas! Boileau admire qu'on ne voie jamais Molière broncher *au bout du vers;* mais comment y broncherait-il, puisque ce *bout du vers* est la portion du vers qui est toujours trouvée la première? Tout au plus Molière pourrait-il *broncher* au commencement du vers, ce qui encore serait peu explicable chez un grand artiste comme il l'est. Pour la même raison, il est trop naturel que la Rime se *place d'elle-même au bout du vers,* puisqu'elle a commencé par y être placée avant que le reste du vers ne fût trouvé. Plus loin, Boileau (parlant toujours de la Rime) s'écrie piteusement :

> En vain, pour la trouver, je travaille et je SUE.

A la bonne heure, voilà enfin une image claire, si elle est d'un goût douteux et d'une délicatesse contestable. On suerait à moins. Chercher la rime pour la coudre au bout d'un vers qu'on a fait avant d'en avoir trouvé le mot final, c'est proprement chercher une aiguille dans un grenier à foin plein de foin. Le pauvre Boileau, prétendant qu'il veut *exprimer un Auteur sans défaut,* comme on exprime le jus d'un citron, pense que la Raison lui dit alors : Virgile! Il a mal écouté. La Raison, qui désigne chaque chose et chaque personne par son nom, sait que Virgile est non pas *un auteur,* avec ou sans défaut, mais *un poëte.* Si Boileau eût été ce qu'est Virgile, un poëte, voulant parler de Virgile, il eût mis à la rime le mot Virgile, ce qui l'eût absolument dispensé d'avoir à la rime jumelle le nom de Quinaut. Et de même, voulant dépeindre *la figure d'un galant,* il eût mis à la rime le mot galant, avec lequel il lui eût été parfaitement impossible de faire rimer le nom de l'Abbé de Pure. La Raison ne manque à Boileau que parce que la Rime lui manque également.

Ceci est une loi absolue, comme les lois physiques; tant que le poëte exprime véritablement sa pensée, il rime bien; dès que sa pensée s'embarrasse, sa rime aussi s'embarrasse, devient faible, traînante et vulgaire, et cela se comprend de reste, puisque pour lui pensée et rime ne sont qu'un. S'il a eu des visions nettes et éclatantes, elles se sont traduites à son esprit par des rimes sonores, variées, harmonieuses, décisives; s'il n'a eu que des visions confuses et s'il veut les peindre comme si elles eussent été nettes, ou s'il ment effrontément, prétendant avoir vu par les yeux de l'esprit des choses qu'il n'a pas vues en effet, il n'est plus qu'un comédien, qu'un farceur s'évertuant à singer sa propre inspiration et son propre génie, et souvent alors il n'arrive qu'à parodier de la manière la plus misérable et la plus bouffonne l'être surnaturel qui est en lui.

Le phénomène n'est pas seulement ce que j'ai dit; il est bien autrement prodigieux et complexe, mais j'ai voulu procéder par ordre et ne pas étonner tout d'abord l'esprit du lecteur. Dès que le poëte a appris son art et s'est habitué à se rendre compte de ses visions, il entend à la fois, vite, de façon à le briser, non pas seulement une rime jumelle, mais toutes les rimes d'une strophe ou d'un morceau, et après les rimes tous les mots caractéristiques et saillants qui feront image, et, après ces mots, tous ceux qui leur sont corrélatifs, longs si les premiers sont courts, sourds, brillants, muets, colorés de telle ou telle façon, tels enfin qu'ils doivent être pour compléter le sens et l'harmonie des premiers et pour former avec eux un tout énergique, gracieux, vivant et solide. Le reste, ce qui n'a pas été révélé, trouvé ainsi, les soudures, ce que le poète doit rajouter pour boucher les trous avec sa main d'artiste et d'ouvrier, est ce qu'on appelle les CHEVILLES.

Ainsi tous les vulgaires préjugés s'écroulent! Nous avons vu qu'on ne saurait SACRIFIER LA RAISON A LA RIME, puisqu'on les sacrifie ensemble et par la même occasion, ou qu'on ne les sacrifie pas, et nous voyons maintenant qu'IL Y A TOUJOURS DES CHEVILLES DANS TOUS LES POËMES. Ceux qui nous conseillent d'*éviter les chevilles* me feraient plaisir d'attacher deux planches l'une à l'autre au moyen de la pensée, ou de lier ensemble deux barres de fer en remplaçant les vis par la conciliation. Bien plus, il y a autant de chevilles dans un bon poëme que dans un mauvais, et quand nous en serons là, je les ferai toucher du doigt à mes lecteurs! Toute la différence, c'est que les chevilles des mauvais poëtes sont placées bêtement, tandis que celles des bons poëtes sont des miracles d'invention et d'ingéniosité. C'est par une ironie à la troisième puissance que Musset a dit, sachant bien qu'il ne serait compris que des initiés :

Le dernier des humains est celui qui cheville.
Après une lecture. Poésies nouvelles.

Musset a pensé, a voulu dire, a dit pour ceux qui savent lire : *Le dernier des humains est celui qui pose ses chevilles bêtement et qui les rabote mal!*

Je sais bien que je me suis placé entre les deux cornes d'un dilemme terrible. Si la Rime, va-t-on me dire, est tout le vers, et si la Rime est révélée au seul poëte, qu'avez-vous donc à enseigner comme versification à celui qui n'est pas poëte? — En d'autres termes, peut-on, sans être poëte, faire des vers supportables, et quel moyen y a-t-il à employer pour cela? Hélas! oui, la chose se peut; nous sommes assez singes de notre nature pour tout imiter, même la beauté et même le génie, et je suis homme à donner, comme un autre, cette consultation empirique.

CHAPITRE IV

ENCORE LA RIME

Supposons donc que vous n'êtes pas né poëte, et que vous voulez cependant faire des vers. Une telle supposition n'a rien d'improbable et nous pouvons même dire qu'elle se trouve chaque jour réalisée. Pénétrez-vous d'abord de l'esprit et de la lettre du chapitre intitulé *Licences poétiques;* je l'écris spécialement à votre usage.

LICENCES POÉTIQUES.

Il n'y en a pas.

Le premier qui imagina d'accoupler ce substantif *licence* et cet adjectif *poétique* a créé et lancé dans la circulation une bêtise grosse comme une montagne, et qui, par malheur, ne s'est pas bornée à accoucher d'un seul rat! Comment et pourquoi y aurait-il des *licences* en poésie? Quoi! sous prétexte qu'on écrit en vers, c'est-à-dire dans la langue rhythmée et ordonnée par excellence, on aurait le droit d'être désordonné et de violer les lois de la grammaire ou celles du bon sens! Et cela sous prétexte qu'il eût été trop difficile de faire entrer dans un vers ce qu'on voulait y mettre et comme on voulait l'y mettre! Mais c'est en cela précisément que consiste l'art de la versification, et il ne peut consister à ne pas faire ce qu'il est chargé de faire. *Racine contient Vaugelas,* a dit Victor Hugo, et cela signifie que le poëte doit observer fidèlement les plus étroites règles de la grammaire. Sous peine de ne pas exister et de devenir niais, lâche, incompréhensible, il doit se montrer soumis à ces règles grammaticales plus que ne le fut jamais le prosateur le plus pur et le plus châtié. Quant à la construction des phrases, elle mérite que je lui consacre un chapitre spécial pour faire pendant à celui où j'ai traité des *Licences.*

DE L'INVERSION.

Il n'en faut jamais.

Et puis? Voilà tout. Rien ne vous autorise à mettre la charrue avant les bœufs, à marcher sur la tête et à empoigner l'épée par la pointe, parce que vous écrivez en vers! Relire à ce sujet la merveilleuse scène du Maître de Philosophie dans *Le Bourgeois gentilhomme* de Molière :

LE MAÎTRE DE PHILOSOPHIE.

On les peut mettre premièrement comme vous avez dit : *Belle marquise, vos beaux yeux me font mourir d'amour.* Ou bien : *D'amour mourir me font, belle marquise, vos beaux yeux.* Ou bien : *Vos beaux yeux d'amour me font, belle marquise, mourir.* Ou bien : *Mourir vos beaux yeux, belle marquise, d'amour me font.* Ou bien : *Me font vos beaux yeux mourir, belle marquise, d'amour.*

MONSIEUR JOURDAIN.

Mais de ces façons-là, laquelle est la meilleure ?

LE MAÎTRE DE PHILOSOPHIE.

Celle que vous avez dite : *Belle marquise, vos beaux yeux me font mourir d'amour.*

Cette façon-là n'est pas seulement la meilleure, elle est la seule, en prose comme en vers, en vers surtout. Ainsi que nous l'avons démontré, comme en poésie ce n'est pas la rime, mais au contraire le manque de rime qui fait obstacle à la clarté, vous voyez (et cela est sans exception) que l'Inversion sévit surtout aux époques où l'on ne sait plus rimer. Et cela se comprend aisément. A la fin du XVIIIe siècle par exemple, et sous le premier empire, on ne savait plus qu'une vingtaine de rimes, pauvres, niaises, inexactes et toujours les mêmes. Il fallait les amener forcément, puisqu'on n'en avait pas d'autres et puisqu'on n'en savait pas d'autres. Or, comme vingt mots ne sauraient exprimer toutes les idées et peindre tous les objets, il fallait tordre, amputer, tortiller, démancher la phrase pour y trouver un mot qui pût se souder à l'une des éternelles rimes dont l'inévitable retour eût endormi le vif-argent lui-même. Et comment aurait-on eu des rimes à choisir? Les neuf dixièmes des mots français étaient en quarantaine ou exilés, sous prétexte de « noblesse du style ». Comment furent-ils délivrés? Je laisse la parole à celui qui, après avoir si bien fait cette révolution, l'a si bien racontée :

> Je suis le démagogue horrible et débordé,
> Et le dévastateur du vieil A B C D;
> Causons.
>   Quand je sortis du collège, du thème,
> Des vers latins, farouche, espèce d'enfant blême
> Et grave, au front penchant, aux membres appauvris;
> Quand, tâchant de comprendre et de juger, j'ouvris
> Les yeux sur la nature et sur l'art, l'idiome,
> Peuple et noblesse, était l'image du royaume;
> La poésie était la monarchie; un mot
> Était un duc et pair, ou n'était qu'un grimaud;
> Les syllabes, pas plus que Paris et que Londre [1],
> Ne se mêlaient; ainsi marchaient sans se confondre
> Piétons et cavaliers traversant le Pont-Neuf;
> La langue était l'État avant quatre-vingt-neuf;
> Les mots, bien ou mal nés, vivaient parqués en castes;
> Les uns, nobles, hantant les Phèdres, les Jocastes,

---

1. *Londre* sans S, au lieu de *Londres*, voilà une licence poétique. J'ai dit qu'il n'en faut jamais, et voilà que mon maître s'en est permis une. — Eh bien! il a eu tort!

Les Méropes, ayant le décorum pour loi,
Et montant à Versaille[1] aux carrosses du roi ;
Les autres, tas de gueux, drôles patibulaires,
Habitaient les patois : quelques-uns aux galères
Dans l'argot ; dévoués à tous les genres bas,
Déchirés en haillons dans les halles ; sans bas,
Sans perruque ; créés pour la prose et la farce ;
Populace du style au fond de l'ombre éparse ;
Vilains, rustres, croquants, que Vaugelas leur chef
Dans le bagne Lexique avait marqués d'un F ;
N'exprimant que la vie abjecte et familière,
Vils, dégradés, flétris, bourgeois, bons pour Molière.
Racine regardait ces marauds de travers ;
Si Corneille en trouvait un blotti dans son vers,
Il le gardait, trop grand pour dire : Qu'il s'en aille ;
Et Voltaire criait : Corneille s'encanaille !
Le bonhomme Corneille, humble, se tenait coi.
Alors, brigand, je vins ; je m'écriai : Pourquoi
Ceux-ci toujours devant, ceux-là toujours derrière ?
Et sur l'Académie, aïeule et douairière,
Cachant sous ses jupons les tropes effarés,
Et sur les bataillons d'alexandrins carrés,
Je fis souffler un vent révolutionnaire.
Je mis un bonnet rouge au vieux dictionnaire.
Plus de mot sénateur ! plus de mot roturier !
Je fis une tempête au fond de l'encrier,
Et je mêlai, parmi les ombres débordées,
Au peuple noir des mots l'essaim blanc des idées ;
Et je dis : Pas de mot où l'idée au vol pur
Ne puisse se poser, tout humide d'azur !

Victor Hugo. *Réponse à un acte d'accusation.*
Les Contemplations, Livre I, vii.

1. Même observation que ci-dessus. Il fallait écrire non pas *Versaille*, mais *Versailles*. — Rien d'implacable comme un écolier qui prend son maître en faute !

C'est ainsi que, tous les mots ayant été délivrés, nous avons à notre disposition pour en faire des rimes, non plus vingt mots, comme les avaient Lemierre, Campenon et Luce de Lancival, mais autant de mots qu'il y a d'étoiles dans le ciel. Nous n'avons donc plus besoin de torturer notre phrase pour la souder à une rime banale et inévitable; aussi peut-on proclamer en toute sûreté l'axiome suivant : *Dans tout poëme, la bonne construction de la phrase est en raison directe de la richesse de la rime.* Je pourrais ici accumuler les exemples, mais ils seraient inutiles; sauf et excepté les grands hommes du xviie siècle, Regnier, Corneille, Racine, Molière, La Fontaine, l'histoire de la poésie française saute du xvie siècle au xixe. Tout ce qui est compris dans cet intervalle NE DOIT PAS ÊTRE LU, si ce n'est à titre de jeu et d'amusement par un harmoniste exercé, par un savant contre-pointiste! Car il est déjà suffisamment difficile d'apprendre à faire les vers, et il est toujours inutile de lire des ouvrages qui ne peuvent qu'enseigner le moyen de ne pas faire les vers!

Je reviens à mon hypothèse. Vous n'êtes pas poëte; vous voulez cependant écrire en vers, et vous savez déjà que toute violation de la grammaire et tout attentat contre la construction logique des phrases, sous prétexte d'*inversion* ou de *licence*, vous sont interdites, et que la condition d'écrire en vers ne vous dispense ni d'écrire en français ni d'avoir le sens commun. Or, sachant cela, vous en savez déjà plus que tel Pindare de profession qu'on a fait venir d'Amiens pour être poëte, qui depuis dix années en usurpe le nom, et qui, s'il l'osait, se promènerait par la rue avec un bandeau de laurier ou un chapeau de fleurs. Vous savez aussi que la Rime est l'outil, le moyen universel du vers; qu'avec elle vous pouvez tout faire, et que vous ne pouvez rien faire sans elle. Vous savez que dans notre langue si magnifique et si riche, dont les mots exilés ou captifs ont été délivrés par le moderne Hercule, vous pouvez disposer d'un inépuisable trésor de rimes; mais n'ayant pas reçu par grâce spéciale et surnaturelle *le don de rimer*, c'est-à-dire n'ayant pas l'instinct qui devine la rime destinée à peindre votre pensée, il s'agit pour vous de suppléer à ce don absent, et de trouver artificiellement cette Rime qui d'elle-même vient chercher et obséder le vrai poëte.

Premièrement, il faut ici détruire un des préjugés les plus en faveur qui s'opposent à ce que vous atteigniez le but proposé. Presque tous les écrivains qui de leur propre autorité se sont institués les *législateurs du Parnasse,* vous conseillent unanimement d'*étudier les modèles,* c'est-à-dire TOUS LES MODÈLES. Il n'y a pas de conseil plus faux et plus pernicieux que celui-là; car comment pourriez-vous d'aventure, vous ignorant, deviner et pénétrer à la fois les procédés de vingt poëtes différents, vous débrouiller parmi le chaos de ces procédés si divers, et écouter vingt leçons qui, pour un écolier, se contredisent et se détruisent l'une l'autre? Que diriez-vous d'un père qui, voulant faire enseigner à son fils l'art de la menuiserie, le mettrait à la fois en apprentissage chez vingt menuisiers, ou d'un homme qui, égaré dans une forêt inconnue, s'adresserait à la fois, pour retrouver son chemin, à vingt guides qui ne sont pas d'accord entre eux? Tout au contraire, vous choisirez parmi les grands poëtes celui pour lequel vous vous sentez la plus forte et la plus étroite sympathie, puis, parmi les ouvrages de ce grand poëte, celui de tous que vous sentez et admirez le mieux : alors, ayant pris ce livre, fermez tous les autres et ne lisez plus que celui-là. Lisez-le sans cesse, sans repos, sans trêve, comme un luthérien lit sa Bible ou comme un bon Anglais lettré lit son Shakspeare, et, croyez-moi, cette fréquentation obstinée d'un maître vous vaudra mieux que tous les enseignements possibles.

Je parlais de la menuiserie : on l'apprend en la voyant faire sous ses yeux ; mais qui donc deviendrait menuisier en écoutant débiter des théories sur la façon de raboter des planches ? — A force de lire sans cesse votre poëte, vous arriverez à le voir effectivement travailler sous vos yeux, car vous ne tarderez pas à remarquer les mêmes moyens employés pour amener les mêmes effets. Vous verrez que le besoin de variété et d'ordre qui est en nous oblige le poëte à *rappeler* toujours, par un effet semblable aux *rappels de couleur* des peintres, tous les sons remarquables qu'il a employés et surtout ceux qui ont quelque chose d'imitatif, mais à rappeler un son par un autre son qui soit, non pas *similaire*, mais *analogue*; vous verrez que les *mots courts* appellent des *mots longs*, et que cette combinaison commande un *rappel d'autres mots longs et courts;* vous verrez que des vers très librement coupés se reposent nécessairement sur un *grand vers* jailli tout d'une pièce, qui hardiment frappe la terre du pied et s'envole. Vous verrez tout cela, vous le sentirez ou plutôt vous l'apprendrez sans vous en apercevoir, par imitation, comme on apprend tout en art, comme l'enfant apprend à marcher, à parler et à manger, parce que, grâce au ciel, l'homme est essentiellement singe. Le mouvement du vers, qui est toute une musique savante et compliquée, entrera dans votre cerveau sans que vous y preniez garde, tandis que les théories abstraites les mieux développées ne vous l'enseigneraient pas. Une fois que vous saurez par cœur toutes les combinaisons de cette musique, une fois que vous vous les serez assimilées et que la phrase versifiée *se chantera d'elle-même* dans votre tête, vous serez libre alors de formuler en règles les moyens d'effet que vous aurez reconnus et expérimentés ; mais de même qu'avant de savoir, vous avez pu vous passer de tout ce fatras de règles, faute de pouvoir les appliquer, vous pourrez vous en passer encore mieux une fois que vous saurez, car vous écrirez en vers inconsciemment, comme on marche sans se rendre compte de chacun des mouvements dont se compose la marche. Dans l'un comme dans l'autre cas, la Volonté agit et fait mouvoir les organes sans avoir conscience de ses actes.

Si vous avez de la mémoire, instrument dont il est impossible de vous supposer tout à fait dénué, et même avec très peu de mémoire au bout d'un temps plus long, la lecture assidue de VOTRE LIVRE vous fournira un très vaste répertoire de mots bons à être employés en rimes et aussi le répertoire des mots qui, dans tel ou tel cas et pour produire tel ou tel effet, peuvent s'accoupler aux premiers et leur servir de rimes jumelles. Je vous ai dit de ne lire que VOTRE LIVRE en fait de poésie; mais je ne vous interdis pas, je vous ordonne au contraire de lire le plus qu'il vous sera possible des dictionnaires, des encyclopédies, des ouvrages techniques traitant de tous les métiers et de toutes les sciences spéciales, des catalogues de librairie et des catalogues de ventes, des livrets des musées, enfin tous les livres qui pourront augmenter le répertoire des mots que vous savez et vous renseigner sur leur acception exacte, propre ou figurée.

Une fois votre tête ainsi meublée, vous serez déjà bien armé pour trouver la rime. Mais alors il vous reste à faire deux exercices indispensables.

Étant donnés un objet ou un ensemble d'objets, un aspect de la nature, un ou plusieurs personnages dans telles ou telles conditions pittoresques, même une idée, une sensation, un ensemble d'idées ou de sensations, une couleur, un effet de lumière, habituez-vous à caractériser chacune de ces choses par un mot unique. Cela ne vous sera pas difficile avec la quantité de mots que vous savez, dont vous augmentez sans cesse le répertoire, et, avec un effort acharné, il est impossible que vous n'y parveniez pas.

Votre mot caractéristique est trouvé, et vous savez que vous devez le placer à la rime. Reste à trouver la rime qui sera la jumelle de celle-là. Vous la chercherez ou, comme la première, dans votre mémoire, ou dans un bon dictionnaire des rimes, que d'ailleurs vous ne tarderez pas à savoir par cœur. Mais ici pas de vaine gloriole, et sachez vous traiter vous-même avec la dernière sévérité. Un grand poëte, un poëte quelconque même, fait ce qu'il veut et ce que son inspiration lui dicte. Mais vous devez n'employer jamais que des rimes absolument brillantes, exactes, solides et riches, dans lesquelles on trouve toujours la consonne d'appui, et qui soient d'autant plus vigoureuses que vous aurez choisi une consonnance qui termine dans le dictionnaire un plus grand nombre de mots. Et surtout ne me parlez pas d'Alfred de Musset, car si vous le lisez autrement que pour l'admirer, vous êtes un homme perdu! Musset, chanteur prédestiné, sorte d'Apollon enfant à la chevelure de lumière, dévoré de génie et d'amour, a pu, quand il l'a voulu, mettre à la fin de ses vers des rimes insuffisantes, et aussi n'y pas mettre de rimes du tout. Mais vous qui êtes non pas un homme de génie, mais un simple bourgeois, vous n'avez aucun droit de l'imiter. Car si vous vous attachez au dos des ailes postiches, vous ne serez pas pour cela un dieu ; vous serez tout au plus un masque et une figure de carnaval !

Votre rime sera riche et elle sera variée : implacablement riche et variée ! C'est-à-dire que vous ferez rimer ensemble, autant qu'il se pourra, des mots très-semblables entre eux comme son, et très-différents entre eux comme sens. Tâchez d'accoupler le moins possible un substantif avec un substantif, un verbe avec un verbe, un adjectif avec un adjectif. Mais surtout ne faites jamais rimer ensemble deux adverbes, si ce n'est par farce et ironie, comme dans ces deux vers des *Femmes Savantes*, Acte III, Scène II :

> J'aime *superbement* et *magnifiquement*;
> Ces deux adverbes joints font *admirablement*.

Un mot ne saurait rimer avec un de ses composés, pas plus qu'il ne rime avec lui-même ; cela va de soi. Un mot terminé par un T ne peut, sans faute grossière, rimer avec un autre mot qui ne soit pas terminé par un T. Ainsi Voltaire rime aussi mal que possible quand il écrit (*Le Fanatisme*, Acte II, Scène II) :

> Chacun porte un regard, comme un cœur différent ;
> L'un croit voir un héros, l'autre voir un tyran.

Non-seulement des mots qui expriment des idées tout à fait analogues, comme *malheur* et *douleur*, ne sauraient rimer ensemble, mais les mots qui expriment deux idées exactement opposées l'une à l'autre, comme *bonheur* et *malheur*, *chrétien* et *païen*, ne peuvent pas non plus rimer ensemble, car la première condition de la rime (pour ne pas endormir!) est d'éveiller la surprise, et rien n'est si près de l'idée d'une chose que l'idée de son contraire. Quand on pense à un objet blanc, on peut être surpris par l'idée d'un objet écarlate, mais non pas par l'idée d'un objet noir. — C'est pour la même raison que vous éviterez plus que la peste les accouplements de rimes avilies par leur banalité, tels que *gloire* et *victoire*, *lauriers* et *guerriers*, etc. Rien que d'y songer pour les proscrire, je sens les nausées du dégoût, et pourtant cette règle si essentielle n'est pas sans exception. Un grand poëte, un homme de génie peut quelquefois, à force d'habileté, grâce à la façon ingénieuse et magnifique dont il les relie entre elles, ressusciter, réhabiliter, ramener à la lumière et remettre en estime près des honnêtes gens ces rimes usées, déshonorées, traînées dans la boue. Mais c'est le cas de ne pas suivre son exemple, car de ce qu'Encelade soulève une montagne, il ne s'ensuit pas que vous puissiez porter un sac de farine. Étudiez, admirez l'ingéniosité avec laquelle il nous surprend en accouplant des mots dont l'accouplement est le contraire de la surprise, mais imitez-le seulement pour réaliser des prodiges moins difficiles! Dans ses *Contemplations*, Victor Hugo a jeté un œil pitoyable sur le plus plat et le plus usé de ces accouplements de rimes banales, qui est *amour* et *jour*, et par pitié sans doute pour les deux mots splendides qui le constituent, il a, avec sa toute-puissance sans bornes, retrempé, rajeuni, ravivé en vingt endroits de son livre, cet accouplement de rimes, qui, touché par ses mains rayonnantes, devient un éblouissement :

>Oui, mon malheur irréparable,
>C'est de pendre aux deux éléments,
>C'est d'avoir en moi, misérable,
>De la fange et des firmaments!
>. . . . .
>C'est de traîner de la matière ;
>C'est d'être plein, moi, fils du JOUR,
>De la terre du cimetière,
>Même quand je m'écrie : AMOUR !
>
>*A celle qui est voilée.* Les Contemplations. Livre VI, xv.

>L'archange effleure de son aile
>Ce faîte où Jéhovah s'assied ;
>Et sur cette neige éternelle
>On voit l'empreinte d'un seul pied.

> Cette trace qui nous enseigne,
> Ce pied blanc, ce pied fait de jour,
> Ce pied rose, hélas! car il saigne,
> Ce pied nu, c'est le tien, amour !
>
> Les Contemplations, Livre IV, 1.

Mais ceci c'est tendre l'arc d'Ulysse, et Ulysse seul le peut! « Le subtil Odysseus, ayant examiné le grand arc, le tendit aussi aisément qu'un homme habile à jouer de la kithare et à chanter tend, à l'aide d'une cheville, une nouvelle corde faite de l'intestin tordu d'une brebis[1]. » Nous autres, nous ne ferions que nous y couper les doigts! Quant aux mauvaises rimes, je n'en fournirai pas d'exemples; on ne les rencontre que trop aisément, et j'estime qu'on grandit les hommes et les artistes en leur montrant, non ce qu'il ne faut pas faire, mais ce qu'il faut faire. — Évitez encore de faire rimer les mots en is, en us, en as et en os, dont l's final se prononce avec ceux dont l's final ne se prononce pas. Assurément ces rimes défectueuses abondent chez les mauvais poètes, mais mon maître me permettra de les prendre chez lui, car j'ai horreur de citer les mauvais poëtes, même pour le bon motif. Ainsi Victor Hugo a eu tort de faire rimer *prix* avec *Lycoris*, *assis* avec *Chrysis*,

---

[1]. Homère, *Odyssée*, Rhapsodie XXI, traduction de Leconte de Lisle.

coutelas avec *Pallas*, *Atropos* avec *repos*, *Vénus*
avec *nus*, et d'écrire :

> Fleur pure, alouette agile,
>   A vous le prix !
> Toi, tu dépasses Virgile ;
>   Toi, Lycoris !
>
> <small>*N'envions rien.* Les Contemplations, Livre II, xix.</small>

> Gès, qui, le soir, riait sur le Ménale assis,
> Bos, l'ægypan de Crète ; on entendait Chrysis,
> . . . .
> On voyait des lambeaux de chair aux coutelas
> De Bellone, de Mars, d'Hécate et de Pallas,
> . . . .
> Son pouce et son index faisaient dans les ténèbres
> S'ouvrir ou se fermer les ciseaux d'Atropos ;
> La radieuse paix naissait de son repos,
> . . . .
> Le faune, haletant parmi ces grandes dames,
> Cornu, boiteux, difforme, alla droit à Vénus ;
> L'homme-chèvre ébloui regarda ses pieds nus.
>
> <small>*Le Satyre.* La Légende des Siècles.</small>

De pareilles rimes sont absolument répréhensibles, car elles nous forcent à prononcer *le prisse*, *assisse*, *coutelasse*, *Atropausse* et *pieds nusse*, même si nous ne sommes pas Marseillais et habitants de la Cannebière ! — En revanche, il ne faut nullement s'occuper des consonnes de la syllabe finale, qui, placées dans l'intérieur de cette syllabe, ne se prononcent pas. Peu importe qu'elles se trouvent dans l'une des rimes et qu'elles ne se trouvent pas dans l'autre; ainsi on peut très-bien faire rimer *longs* et *appelons*, *blonds* et *troublons*, *essaims* et *saints*. — Quant aux mots qui, tout à fait différents l'un de l'autre pour le sens, offrent EXACTEMENT le même son pour l'oreille, ils s'accouplent excellemment, même dans le genre sérieux, mais surtout dans le comique, où l'on en tire d'admirables effets. En voici quelques exemples :

> J'aime ta passion, et suis ravi DE VOIR
> Que tous ses mouvements cèdent à ton DEVOIR;
> CORNEILLE. *Le Cid*, Acte II, Scène II.

CHICANEAU.

Vous plaidez ?

LA COMTESSE.

Plût à Dieu !

CHICANEAU.

> J'y brûlerai mes LIVRES.

LA COMTESSE.

Je...

CHICANEAU.

> Deux bottes de foin cinq à six mille LIVRES !
> RACINE. *Les Plaideurs*, Acte I, Scène VII.

L'INTIMÉ.

Il n'est donc pas ici, mademoiselle ?

ISABELLE.

NON.

L'INTIMÉ.

L'exploit, mademoiselle, est mis sous votre NOM.
                RACINE. *Les Plaideurs*, Acte II, Scène II.

Quand avons-nous manqué d'aboyer au larron ?
Témoin trois procureurs, dont icelui Citron
A déchiré la robe. On en verra les PIÈCES.
Pour nous justifier, voulez-vous d'autres PIÈCES ?
                RACINE. *Les Plaideurs*, Acte II, Scène III.

Et la Mort, lui montrant le pain, dit : « Fils des DIEUX,
« Vois ce pain. » Et Ninus répond : « Je n'ai plus D'YEUX. »
                VICTOR HUGO. *Zim-Zizimi*, La Légende des Siècles.

Je suppose que vous songez à Ariane abandonnée par Thésée dans l'île de Naxos. Un mot net, clair, décisif, à la fois familier et tragique surgira dans votre pensée : le mot LAISSÉE. Ariane est seule, perdue, et Thésée l'a LAISSÉE là, comme on laisse un objet embarrassant ou importun. LAISSÉE est si bien le mot nécessaire que, dans la situation donnée, il est celui qu'emploieraient les reines et les couturières. Vous voulez que ce soit Phèdre qui raconte l'abandon de sa sœur Ariane, et dès lors vous avez quatre mots absolus, inévitables, *Ariane, ma sœur*, et *laissée*. Cherchez dans votre mémoire ou dans le dictionnaire des rimes le mot qui rime le plus richement, le plus exactement avec *laissée*; tout de suite vous trouvez *blessée*, et puisque vous avez affaire à un son qui ne se trouve guère que dans les participes passés, vous sacrifierez pour cette fois la règle qui vous interdit de faire rimer un participe avec un participe. Maintenant, comment rejoindre ingénieusement les mots LAISSÉE et BLESSÉE? Ariane, dont vous savez l'histoire, n'a pas été blessée matériellement; il ne peut donc s'agir que d'une blessure morale et figurée. A ce point de vue, a-t-elle été blessée? Sans doute, par l'amour, qui lui a laissé au flanc une plaie si cruelle. Voici donc un mot nouveau, aussi nécessaire que les précédents, le mot *amour*. Blessée par l'amour dans l'île de Naxos, qu'est devenue Ariane? Elle y est morte. Si donc vous sentez musicalement la nécessité de rappeler les sons sifflants que vous avez déjà, par un son où se retrouve l's (ce sera : *vous mourûtes aux bords*) et de fondre par des syllabes muettes vos sons éclatants, vous aurez naturellement les deux beaux vers de Racine :

> Ariane, ma sœur ! de quel amour blessée
> Vous mourûtes aux bords où vous fûtes laissée !
>
> RACINE. *Phèdre*, Acte I, Scène III.

Dans un poëme qui fait partie de LA LÉGENDE DES SIÈCLES, *Le Régiment du Baron Madruce*, Victor Hugo développe cette belle idée que si les Suisses ont pu se vendre à l'Autriche, ils n'ont pu du moins lui vendre la Suisse, dont la nature sauvage et pure est par son âpreté même à l'abri des méchancetés et des convoitises de l'homme. On ne peut vendre l'insaisissable NUAGE; une telle nature DISSOUT et renouvelle TOUT; comment asservir LA NEIGE et faire d'un mont sacré, comme l'Orteler, UN BANDIT? Comment briser la dent de Morcle entre les roches gigantesques et sombres qui semblent être ses MACHOIRES? Comment enchaîner le PITON DE ZOUG? Les monts sont des CITADELLES, au-dessus desquelles, ainsi que des fers de lance, brillent les ÉTOILES. La montagne appelée JUNGFRAU est, comme son nom le dit, une telle vierge que, si le plus grand conquérant du monde, quelque ALEXANDRE, voulait l'insulter, il ne serait pour elle qu'un DRÔLE, et elle lui cracherait l'avalanche à la face. Voilà les idées, les mots qui se heurtent dans la tête du poëte : est-il besoin de dire que chacun de ces mots lui apparaît avec sa rime jumelle, et qu'il a pensé ROCHES NOIRES en même temps que MACHOIRES et JOUG en même temps que PITON DE ZOUG, et que *joug* a amené nécessairement *assembleur de bœufs,* comme les autres rimes et les nécessités de l'harmonie ont immédiatement créé tous les beaux mots intermédiaires. Restent à trouver le dessin harmonique, les mots corrélatifs, les CHEvilles même ; tous ces phénomènes, devenus instantanés chez le poëte, se produisent dans son cerveau en moins de temps qu'il n'en faut pour les décrire, et certainement ce cerveau trouvait trop lente la plume qui a écrit sous sa dictée :

> L'homme s'est vendu. Soit. A-t-on dans le louage
> Compris le lac, le bois, la ronce, le NUAGE ?
> La nature revient, germe, fleurit, DISSOUT,
> Féconde, croît, décroît, rit, passe, efface tout.
> La Suisse est toujours là, libre. Prend-on au piège
> Le précipice, l'ombre et la bise et la NEIGE ?
> Signe-t-on des marchés dans lesquels il soit dit
> Que l'*Orteler* s'enrôle et devient un BANDIT ?
> Quel poing cyclopéen, dites, ô roches noires,
> Pourra briser la Dent de Morcle en vos MACHOIRES ?
> Quel *assembleur de bœufs* pourra former un joug
> Qui du pic de Glaris aille au PITON DE ZOUG ?
> C'est naturellement que les monts sont fidèles
> Et purs, ayant la forme âpre des CITADELLES,
> Ayant reçu de Dieu des créneaux où, le soir,
> L'homme peut, d'embrasure en embrasure, voir
> Étinceler LE FER DE LANCE DES ÉTOILES.
> Est-il une araignée, aigle, qui dans ses toiles
> Puisse prendre la trombe et la rafale et toi ?
> Quel chef recrutera le Salève ? à quel roi
> Le Mythen dira-t-il : « Sire, je vais descendre ! »
> Qu'après avoir dompté l'Athos, quelque ALEXANDRE,
> Sorte de héros-monstre aux cornes de taureau,
> Aille donc relever sa robe à la JUNGFRAU !
> Comme la vierge, ayant l'ouragan sur l'épaule,
> Crachera l'avalanche à la face du DRÔLE !

Remarquez comme, au point de vue de la pensée et au point de vue du son, tous les mots intermédiaires ont été rigoureusement enfantés par les mots placés à la rime! comme ÉTINCELER, par exemple, complète l'harmonie et l'image commencée par ces mots LE FER DE LANCE DES ÉTOILES! comme le mot sec et rapide OIR, qui termine un vers sur un sens suspendu, est adouci et capitonné par les beaux grands mots caressants et splendides D'EMBRASURE EN EMBRASURE, en même temps qu'il a sa répétition harmonique dans l'autre monosyllabe PEUT, placé au commencement du vers! comme le grand mot terrible CITADELLES est appuyé sur le mot court et solide APRE! comme l'image MONSTRE AUX CORNES DE TAUREAU est renforcée et exaspérée par la répétition du même son au commencement du même vers dans le mot HÉROS! En ces quelques vers les effets harmoniques sont aussi merveilleux qu'innombrables; mais, en fait de vers, bien lire Hugo, c'est tout apprendre.

CHAPITRE V

L'ENJAMBEMENT ET L'HIATUS

Ici, le contradicteur dont j'ai eu soin de me précautionner intervient avec une objection triomphante. La poésie (me dit-il), ou plutôt la versification comme vous l'entendez, ne serait autre chose que le jeu frivole des Bouts-Rimés. Qu'appelle-t-on en effet faire des bouts-rimés, si ce n'est remplir après coup les commencements d'une certaine quantité de vers dont on a par avance écrit et aligné les rimes?

Cette objection s'avance toute armée, terrible et en apparence impossible à vaincre; mais il suffit de la regarder de près pour voir qu'elle n'existe même pas. Et voici pourquoi. Ce n'est pas la poésie qui a été faite à l'image des bouts-rimés; ce sont les bouts-rimés qui ont été imaginés comme une imitation et comme une parodie de la poésie, par un rimeur qui, en sa dédaigneuse ironie, a très-bien compris qu'en révélant A PEU PRÈS le secret de son art, il ne serait cru de personne. Je dis *à peu près*, car si les deux procédés, celui qui sert à remplir des bouts-rimés et celui qui sert à écrire de véritables poëmes, ont l'air de se ressembler beaucoup, ils sont en réalité on ne peut plus différents l'un de l'autre; puisque le choix des rimes dictées à la pensée du poëte par l'objet même qu'il veut peindre est peut-être la partie la plus importante de son travail ! Au contraire, le faiseur de bouts-rimés ayant accepté une série de rimes assemblées au hasard, pour la plus part du temps absurdes, et dont l'assemblage, qui n'a rien de nécessaire, ne figure pas un ensemble d'idées voulu, ne peut que montrer une ingéniosité inutile en inventant, pour joindre ces rimes les unes aux autres, des rapports d'idées chimériques dont la réunion formera, non pas un poëme réel, mais le fantôme et la parodie d'un poëme. Et même pour exécuter cette jonglerie, il faut encore un vrai poëte et des plus habiles, tant il est difficile même de singer les œuvres d'un art divin !

Nous voici au moment de nous occuper de ce qu'on a nommé, aussi à tort que possible, l'ENJAMBEMENT. C'est toujours continuer à nous occuper de la Rime. Je supplie mon lecteur de bien se rappeler ici le principe suivant, que nous avons posé déjà : Dans la versification française, quand la Rime est ce qu'elle doit être, tout fleurit et prospère ; tout décroît et s'atrophie, quand la rime faiblit. Ceci est la clef de tout, et on ne saurait avoir cet axiome trop présent à la pensée.

Supposez la rime riche, brillante, solide, variée à la fois, comme elle doit l'être, statuaire et peintre, tour à tour épique, enjouée, terrible, délicate, bouffonne, habile à tout animer, à tout figurer, à tout faire vivre dans une forme simple et durable, il faudra supprimer comme inutile et le mot EN-JAMBEMENT et l'idée qu'il représente. Que signifie ce mot *enjambement ?* Qu'un mot ou un membre de phrase placé au commencement d'un vers continue PAR EXCEPTION le sens commencé dans le vers précédent. Cela suppose donc une règle qui ordonnerait de suspendre, ou plutôt de terminer la phrase à la fin de chaque vers. A elles deux, la règle qui ordonne que le sens soit toujours suspendu régulièrement à l'hémistiche, et celle-ci qui ordonne de le terminer à la fin du vers, elles avaient décrété tout bonnement la mort de la poésie, un vers endormant, somnifère, pareil à cet opium de Molière qui fait dormir *parce qu'il contien en lui une vertu dormitive,* automatique et morne comme le pas du soldat en marche et bête comme le tic-tac d'une horloge de bois. Elles ont existé pourtant, ces règles absurdes, sottes et mortelles, et Boileau a écrit dans le mauvais français dont il avait le secret dès qu'il parlait en vers :

> Ayez pour la cadence une oreille sévère.
> Que toujours dans vos Vers le sens, coupant les mots,
> Suspende l'hémistiche, en marque le repos.
> BOILEAU, *L'Art Poétique*, Chant I.

Nous avons mieux à faire que de critiquer *L'Art Poétique*, et toutefois je ne puis perdre l'occasion de marquer au passage le premier de ces trois vers, à la fois plat, sourd, cacophonique et sec, comme un des plus mauvais vers qui aient jamais été écrits. Mais brisons l'os : la moelle est dans les deux derniers vers. Quelle est la valeur poétique et historique de la règle qu'ils énoncent ?

Nulle. — Elle n'existe pas, elle ne saurait exister, et pourtant elle a fait bien du mal ! Ce n'est pas le seul exemple d'une négation meurtrière et d'un RIEN qui a tué quelque chose.

Cette règle, qui l'a imagée, formulée, édictée ? Boileau.

Qui a mis hors la loi, dévoué aux Dieux infernaux et condamné à mort (heureusement ils se portent assez bien) les poëtes qui refusaient d'obéir à cette règle ?
Boileau.

Parmi les poëtes dont le nom mérite d'être cité, qui sont ceux qui ont obéi à cette règle ?

Le seul Boileau !

Ni Corneille, ni Molière, ni La Fontaine, ni Racine, qui a écrit dans *Les Plaideurs* le vers type où sont contenues toutes les révoltes contre l'état de siége décrété par Boileau :

DANDIN.
Reposez-vous,
Et concluez.

L'INTIMÉ, d'un ton pesant.
Puis donc qu'on nous permet de prendre
Haleine, et que l'on nous défend de nous étendre,
RACINE. *Les Plaideurs*, Acte III, Scène III.

Nous trouvons plus haut, dans la même scène :

Va-t'en au diable.

DANDIN.
Et vous, venez au fait. Un mot
Du fait.

PETIT-JEAN.
Hé ! faut-il tant tourner autour du pot ?

Et plus bas, à la scène IV :

LÉANDRE.
Mon père, il faut juger.

DANDIN.
Aux galères.

LÉANDRE.

Un chien
Aux galères!

DANDIN.
Ma foi! je n'y conçois plus rien;

La Fontaine dit en son poëme de *Clymène :*

APOLLON.
Savoir si vous aimez?

ÉRATO.
Autrefois j'étais fière
Quand on disait que non : qu'on me vienne aujourd'hui
Demander : « Aimez-vous? » Je répondrai que oui.

Notons en passant que ce dernier vers contient un harmonieux, un charmant hiatus, QUE OUI, dont la douceur est telle qu'il faudrait être un barbare pour vouloir l'effacer! — Mais à quoi bon multiplier ces exemples? Les grands hommes du xviie siècle vivaient dans un temps où on avait perdu la science de la Rime, c'est-à-dire de ce qui permet au vers de rester libre, car, je le répète encore, la Rime suffit pour garder au vers son rhythme et son harmonie. De plus, Boileau avait persuadé à eux et à tout le monde que lui Boileau devait commander, et qu'ils devaient, eux les hommes de génie, obéir à Boileau. Mais enfin sa règle, qu'ils ne subirent jamais qu'impatiennent, à laquelle ils ne pouvaient obéir sans révolte et qui ne fut réellement acceptée qu'au xviiie siècle (nous verrons pourquoi), d'où venait-elle et quelle était son origine ?

SUR QUOI BOILEAU APPUYAIT SA RÈGLE DRACONIENNE.

Sur rien.

Voilà ce qu'il y a de plus remarquable. Cette règle de Procuste, au nom de laquelle tant d'écrivains se sont vu couper les bras et les jambes, elle ne s'appuie sur rien, elle ne tient à rien, elle ne vient de nulle part. Boileau littéralement l'a prise sous son bonnet, pareil à ces tyrans qui la nuit viennent s'établir dans une citadelle mal gardée, et le lendemain publient que le vœu unanime du peuple les a investis du pouvoir souverain. Interrogez les versifications de tous les peuples, de tous les pays, de tous les temps : partout le sens suit son chemin, et le rhythme suit son chemin, chacun d'eux allant, courant, volant avec toute liberté, sans se croire obligés de se mêler et de se confondre et de régler leur pas l'un sur l'autre. Ce sont deux oiseaux volant côte à côte, mais ne s'interdisant ni l'un ni l'autre le droit de s'écarter d'un coup d'aile, pourvu qu'ils arrivent ensemble au même but. Dans Homère, dans Virgile, dans

Pindare, dans Horace, comme dans Aristophane, la phrase toujours libre, sans liens, se coupe au gré du rhythme, mais non au gré du sens qui poursuit son chemin comme il veut. Il n'entre pas dans notre plan d'aller chercher si loin nos exemples : rappelons, en un mot, que le premier vers de l'*Énéide* comme le premier vers de l'*Iliade* enjambent sur celui qui les suit, que dans Pindare on trouve plus d'une fois un mot coupé en deux à cheval sur deux vers, que, chez le lyrique latin, les mots *et, qui* et les pronoms possessifs sont mille fois placés à la fin d'un vers; que chez les vieux poëtes français comme chez les poëtes de tous les temps et de tous les pays, le vers est libre et ne connaît pas les affreuses bandelettes dont plus tard l'entortille Boileau; qu'il reste libre jusqu'au xviie siècle, et enfin jusqu'à ce que Boileau paraisse et dise : « Je change tout cela; désormais on aura le cœur à droite! » — Mais pourquoi? — Et Boileau répond : « Il sera à droite, parce que je veux qu'il soit à droite. »

Il n'est plus besoin aujourd'hui de démontrer l'absurdité de sa règle, que notre André Chénier avait émiettée déjà avant que Victor Hugo en éparpillât les restes aux quatre vents du ciel. Comme elle ne peut demander son origine ni à la vieille langue française, ni à nos patois, ni au grec, ni au latin, elle est née cadavre, chose morte.

Comment donc ce cadavre a-t-il pu pendant si longtemps faire semblant de vivre? Ceci n'est pas seulement une question qui se rapporte au passé : c'est une question actuelle, palpitante. Ce qui fut dès la fin du xvii° siècle, ce qui est encore aujourd'hui, après Lamartine, après Hugo, après Musset, après Gautier, après Leconte de Lisle, après Baudelaire! le grand obstacle à la perfection de notre poésie, c'est l'amour de la servitude, c'est LA LACHETÉ HUMAINE. Il faudrait des volumes entiers pour raconter cette lamentable histoire; pour montrer comment, en fait de versification comme en fait d'autre chose, l'homme déchu est rebelle à la notion de la liberté; pour énumérer toutes les viles ruses de conscience à l'aide desquelles il se persuade qu'il y a avantage à être esclave, et je dois expliquer cela en quelques lignes, en quelques mots! Je l'essayerai pourtant.

HISTOIRE DE LA POÉSIE AU XVIII° SIÈCLE.

Pendant un siècle entier, les faiseurs de vers ont obéi à Boileau, parce qu'en lui obéissant ils pouvaient, sans avoir besoin de penser ni de travailler, ni d'être artistes, jouer le rôle de poëtes, tandis que, pour être poëtes en effet, il aurait fallu penser, travailler et être artistes.

Dans ce temps-là on faisait une tragédie avec moins d'application que les casseurs de cailloux n'en mettent à tailler un pavé dans les roches de Fontainebleau.

Histoire de L'HIATUS, histoire de L'ENJAMBEMENT, ce n'est qu'une seule et même chose. Jusqu'à Ronsard, le poëte reste le maître de faire se rencontrer deux voyelles qui ne s'élident pas.

> Après tels repas dissolus
> Chascun s'en va GAY ET falot;
> Qui me perdra chez Chatelus
> Ne me cherche chez Jaquelot.
> <div style="text-align:right">MELLIN DE SAINT-GELAIS. <i>Épigrammes.</i></div>

> Auprès de TOI, EN mille sortes
> Tu favorises et supportes
> Ceux qui veulent aller avant.
> <div style="text-align:right">PELETIER. <i>Ode à Marguerite d'Angoulême.</i></div>

> J'AY ESTÉ de la compaignie
> Des amoureux moult longuement,
> Et M'A AMOUR, dont le mercie,
> Donné de ses biens largement;
> Mais au derrain, ne sçay comment,
> Mon fait est VENU AU contraire;
> ET, A parler ouvertement
> Tout est rompu, c'est à refaire.
> CHARLES D'ORLÉANS. Ballade LXVI. Édition Champollion-Figeac.

Je meurs, Paschal, quand je la voy si belle,
Le front si BEAU, ET la bouche et les yeux,
Yeux le séjour d'Amour victorieux,
Qui m'a blessé d'une flèche nouvelle.

Je n'ay ny sang, ny veine, ny moüelle,
Qui ne se change ; et me semble qu'aux cieux
Je suis RAVY, ASSIS entre les dieux,
Quand le bon-heur me conduit auprès d'elle.

RONSARD. Amours, Livre I, LXXXII.

Jusqu'à Ronsard encore, le poëte est libre de se permettre, s'il le veut, cette autre espèce d'hiatus qui aujourd'hui nous est interdit et qui consiste à placer devant une voyelle ou un H muet, soit le mot ET dont le T ne se prononce plus, soit les mots qui finissent par des syllabes telles que OIN, AIN, IEN, ON, AN, etc., ou par EST, ET, dans lesquelles la consonne finale ne se prononce pas.

Il ne s'en EST A PIED ALLÉ
N'a cheval ; las ! et comment donc ?

VILLON. Grand Testament, XXIII.

A donc le Rat, sans serpe ni cousteau
Il arriva joyeux ET esbaudy,
Et du Lyon, pour vrai ne s'est gaudy,
Mais despita chats, chates et chatons.

CLÉMENT MAROT. Épître à Lyon Jamet

Je vous promets que non ferez ;
RAISON AURA sur vous maistrie :
Alez-vous-en, alez, alez,
Soussi, Soing et Mérencolie.

CHARLES D'ORLÉANS. Rondel ext. Édition Champollion-Figeac.

Ambicion, DESDAING, ORGUEIL, Rancune,
Crainte de mort et perte de tresor,
Telz choses sont Nabugodonozor,

PIERRE GRINGORE. La Paix et la Guerre.

Les gros gourmands n'ont jamais d'autre église
Qu'une cuysine ou ILS font leur service,
Et leur prêtre est, que pas fort je ne prise,
Le cuysinier qui fait, sans nul faintise,
OBLATION AU ventre et sacrifice ;

LAURENT DES MOULINS. L'Église des Yvrongnes.

Jusqu'à lui, le poëte peut mettre à la césure un mot terminé par un E muet faisant syllabe :

De vielz docteurs — on laisse la pratique ;
On se raille — de vielz musiciens ;
On desprise — toute vieille phisique ;
On déchasse — vielz géométriciens ;
On apprête — jeunes grammairiens ;

PIERRE GRINGORE. De ceux qui ne veulent honorer
père, mère. Les Folles Entreprises.

Il peut aussi mettre dans l'intérieur d'un vers les diphthongues ÉE et IE non placées devant une voyelle et faisant syllabe, et les mots terminés par une diphthongue suivie d'un S :

DIPHTHONGUE ÉE NON PLACÉE DEVANT UNE VOYELLE
ET FAISANT SYLLABE

> Rivière, fontaine et ruisseau
> Portent en livrée jolye
> Gouttes d'argent d'orfaverie;
> Chascun s'abille de nouveau,
> Le Temps a laissié son manteau.
> CHARLES D'ORLÉANS. Rondel XIV. Édition Champollion-Figeac

DIPHTHONGUE IE NON PLACÉE DEVANT UNE VOYELLE
ET FAISANT SYLLABE

> Jamais n'oublie ces bons motz :
> Luxure, quant bien m'en souvient,
> A ventre plain voulontiers vient.
> ÉLOY D'AMERVAL. Les Gens Joyeux.

DIPHTHONGUE ÉE SUIVIE D'UN S PLACÉE DANS L'INTÉRIEUR
D'UN VERS

> Gri-ve-lé-es com-me saulcisses.
> FRANÇOIS VILLON. Les Regrets de la belle Heaulmière. Grand Testament.

Il peut même ne tenir aucun compte de la syllabe muette, comme dans cet autre vers de Villon, tiré de *l'Épitaphe en forme de Ballade* :

> La pluye nous a debuez et lavés.

qui se prononce comme s'il y avait :

> La pluī nous a debuez et lavez.

Il nous offre d'ailleurs dans la même strophe un exemple de la diphthongue IES placée dans l'intérieur d'un vers et faisant syllabe :

> La pluye nous a debuez et lavez
> Et le soleil desséchez et noirciz ;
> Pies, corbeaux, nous ont les yeux cavez,
> Et arrachez la barbe et les sourcilz.

Enfin, avant Ronsard, le poëte pouvait, comme il le voulait, entrelacer à son gré les rimes masculines ou féminines, tandis qu'aujourd'hui nous devons les inverser régulièrement selon des règles précises. Ainsi Villon ne pourrait écrire aujourd'hui sa *Belle Leçon de Villon, aux Enfants Perduz*, dont la première strophe n'a pas de rimes féminines, et dont la seconde strophe n'a pas de rimes masculines :

> Beaux enfans, vous perdez la plus
> Belle rose de vo chapeau,
> Mes clercs, apprenans comme glu ;
> Si vous allez à Montpippeau
> Ou à Ruel, gardez la peau :
> Car, pour s'esbatre en ces deux lieux,
> Cuydant que vaulsist le rappeau,
> La perdit Colin de Cayeulx.
>
> Ce n'est point ung jeu de trois mailles,
> Où va corps, et peut-estre l'âme :
> S'on perd, rien n'y sont repentailles,
> Qu'on ne meure à honte et diffame ;
> Et qui gaigne, n'a pas à femme
> Dido la royne de Cartage.
> L'homme est donc bien fol et infame,
> Qui, pour si peu, couche tel gage.

Ainsi avant Ronsard, et jusqu'à lui, le poëte ne connaît pas d'autre obligation que celle de rimer et de bien rimer. D'ailleurs pas de règles, pas d'entraves, pas de liens. Depuis Ronsard, — et par lui (il faut bien l'avouer!), nous avons eu au contraire tout un arsenal de règles. Y avons-nous gagné quelque chose?

Nous y avons tout perdu au contraire.

L'hiatus, la diphthongue faisant syllabe dans le vers, toutes les autres choses qui ont été interdites et surtout l'emploi facultatif des rimes masculines et féminines, fournissaient au poëte de génie mille moyens d'effets délicats, toujours variés, inattendus, inépuisables. Mais pour se servir de ce vers compliqué et savant, il fallait du génie et une oreille musicale, tandis qu'avec les règles fixes les écrivains les plus médiocres peuvent, en leur obéissant fidèlement, faire, hélas! DES VERS PASSABLES!

Qui donc a gagné quelque chose à la réglementation de la poésie?

Les poëtes médiocres. — Eux seuls!

Ronsard était trop un voyant pour s'abuser là-dessus. Mais il ne sut pas ÊTRE MÉCHANT POUR ÊTRE VRAIMENT BON. Il eut pitié des poëtes médiocres, se montra sentimental et abaissa l'art au niveau de ses frères infirmes. Si les choses eussent tourné autrement, les poëmes des hommes de génie auraient pu être tout à fait beaux, et ceux des hommes médiocres auraient été tout à fait mauvais et absurdes, morts en naissant! Eh bien, quoi de mieux! En fait d'art l'indulgence et la pitié sont des crimes, et en quoi peut-il être utile que les imbéciles fassent des vers supportables — pour ceux qui peuvent les supporter?

Que nous ayons perdu un trésor de nuances d'harmonies délicates à la suppression de l'hiatus, cela n'est pas à démontrer : il suffit pour s'en convaincre d'ouvrir les poëmes du xv° et du xvi° siècle. A leur défaut, la question serait tranchée par les effets charmants que le révolté La Fontaine a parfois obtenus à l'aide de l'hiatus; que dis-je! elle le serait par ce seul hiatus adorable d'Alfred de Musset :

> Tu m'amuses autant que Tiberge m'ennuie.
> Comme je crois en toi! que je t'aime et te hais!
> Quelle perversité! quelle ardeur inouïe,
> Pour l'or et le plaisir! Comme toute la vie
> Est dans tes moindres mots! Ah! folle que TU ES,
> Comme je t'aimerais demain si tu vivais!
>
> ALFRED DE MUSSET. *Namouna*. Chant I.

Toutefois les mauvais poètes n'avaient gagné

que la moitié de leur cause. Le sens restant libre dans le vers libre, le poëte pouvant couper son vers comme il l'entendait, le faire tour à tour pompeux, hardi, vif, pressé, terrible, splendide ; il fallait encore, malgré toutes les entraves acceptées, du génie, de l'imagination, de l'oreille pour en être maître, et surtout il fallait avoir l'invention dans la Rime : être un RIMEUR ! *Enfin Malherbe vint*... et après Malherbe vint Boileau, son exécuteur des hautes œuvres. Il fut décrété que le sens de la phrase, coupé à la césure, se terminerait à la fin du vers, et que tous les vers se ressembleraient entre eux comme un morceau de galette de deux sous ressemble à un autre morceau de galette de deux sous. Les grands contemporains de Boileau eurent des velléités de révolte ; en fin de compte ils se soumirent avec l'enfantine bêtise du génie : car un dieu exilé sur la terre sera toujours dompté par un cuistre. Bien qu'avec le nouveau système, inventé pour le triomphe des impuissants, la Rime fût devenue complétement inutile, Corneille, Racine, La Fontaine, Molière continuèrent à rimer, comprenant obscurément que le salut était là. Mais après eux on s'en donna à cœur joie. Plus d'harmonie, plus de mouvement, plus de rhythme, plus de rime surtout : des vers incolores et fades taillés sur un patron unique, mais hébétés, solennels, et s'en allant, selon le mot de Musset,

Comme s'en vont les vers classiques et les bœufs.

Voltaire, grand homme et poëte détestable, prêta à la plus vide et à la plus sotte des versifications l'appui moral de son génie, si bien que de chute en chute on en arriva à écrire des vers comme ceux-ci :

Je vais te révéler
Des secrets qu'à ta foi je ne puis plus céler ;
Apprends à me connaître : enfin mon âme altière
A tes yeux étonnés va s'ouvrir tout entière.
Tu sais que Sésostris, pour terme à ses exploits,
Résolut d'asservir mon pays à ses lois ;
Issa, tu te souviens de l'affreuse journée
Où Tyr au fer cruel se vit abandonnée.
Tout périt : le vainqueur fit tomber sous ses coups
Mes deux fils au berceau, mon père et mon époux.
Moi-même au sein des morts, faible, pâle et mourante,
J'allais suivre au tombeau ma famille expirante.
Le roi, que ma jeunesse alors semble toucher, etc.

BLIN DE SAINMORE. *Orphanis*, tragédie. Acte I, Scène I.

Mais, direz-vous, quel est ce Blin de Sainmore ? Je ne l'ai pas choisi, je le prends dans le tas. Tous les poëmes du xviiie siècle se ressemblent ; tous font rimer *époux* et *coups*, *mourante* et *expirante*, et sont faits de vers muets, sourds et endormants. Si vous n'avez pas de confiance dans

Blin de Sainmore, adressez-vous à l'homme dont le nom seul signifie Esprit, à celui qui, lorsqu'il n'écrivait pas en vers, semblait de ses ardentes lèvres jeter des rayons et des étincelles, au grand diseur, au grand inventeur de mots que tout homme d'esprit imite et copie encore aujourd'hui, à Chamfort! et voyez si dans sa tragédie de *Mustapha et Zéangir* il se montre bien supérieur à l'auteur d'*Orphanis!*

Eh quoi! vous l'ignorez?... Oui, c'est moi seule, Osman,
Dont les soins ont hâté l'ordre de Soliman.
Visir, notre ennemi se livre à ma vengeance.
Le prince, dès ce jour, va paraître à Byzance ;
Il revient ; ce moment doit décider enfin
Et du sort de l'empire et de notre destin.
On saura si toujours puissante, fortunée,
Roxelane, vingt ans d'honneurs environnée,
Qui vit du monde entier l'arbitre à ses genoux,
Tremblera sous les lois du fils de son époux ;
Ou si de Zéangir l'heureuse et tendre mère,
Dans le sein des grandeurs achevant sa carrière,
Dictant les volontés d'un fils respectueux,
De l'univers encore attachera les yeux.

CHAMFORT. *Mustapha et Zéangir*, tragédie. Acte I. Scène I.

A l'aide de quels liens l'heureuse et tendre mère d'un fils respectueux espère-t-elle attacher les yeux de l'univers? Voilà ce qu'il faudrait savoir. O rare et prodigieux triomphe des impuissants, des envieux et des imbéciles! Avoir fait accepter une versification telle que, grâce à elle, l'homme d'esprit devient leur égal! Grâce à eux, nous avons le vers invertébré, le vers mollusque, gluant et aveugle et jouissant d'une vie si peu individuelle que, si nous le coupons en deux, cela fait deux vers de tragédie ou deux mollusques! Étrange problème! Que les sots aient soutenu de toute leur force un système qui faisait d'eux des personnages, cela se conçoit de reste; mais que les hommes supérieurs aient consenti à s'y soumettre, voilà ce qui passe l'imagination. Si une telle aberration peut s'expliquer, c'est par l'enfantine docilité des hommes de génie, qui obéissent à tout ce qu'on veut, et surtout par le manque de ressort et d'énergie qui nous empêche de résister à une tyrannie quelconque, dans un pays à ce point hiérarchisé que son maître tout-puissant, Louis XIV, s'inclina devant l'autorité de Boileau! comme devant un fait accompli. Hélas! que d'*Orphanis* nous préparait sa coupable faiblesse! que de *Mustapha et Zéangir!*

Il fallait la Révolution pour balayer ce fumier tragique; il fallut un être divin, fils d'une Grecque, André Chénier, pour délivrer le vers de ses liens ignobles. Il paraît, et avec lui le vers divin, ailé, harmonieux, tendre et terrible, descend du ciel avec les ailes frémissantes et l'œil enflammé de l'oiseau. Chénier ne pouvait rien demander à la tradition française, elle était morte et déjà pourrie; il trouve son inspiration chez nos grands aïeux grecs et latins, et avec lui la musique du vers se réveille, ferme, ondoyante et sonore :

« Dieu dont l'arc est d'argent, dieu de Claros, écoute,
« O Sminthée-Apollon, je périrai sans doute,
« Si tu ne sers de guide à cet aveugle errant. »
C'est ainsi qu'achevait l'aveugle en soupirant,
Et près des bois marchait, faible, et sur une pierre
S'asseyait. Trois pasteurs, enfants de cette terre,
Le suivaient, accourus aux abois turbulents
Des molosses, gardiens de leurs troupeaux bêlants.
Ils avaient, retenant leur fureur indiscrète,
Protégé du vieillard la faiblesse inquiète;
Ils l'écoutaient de loin; et s'approchant de lui :
« Quel est ce vieillard blanc, aveugle et sans appui?
« Serait-ce un habitant de l'empire céleste?
« Ses traits sont grands et fiers; de sa ceinture agreste
« Pend une lyre informe; et les sons de sa voix
« Émeuvent l'air et l'onde, et le ciel, et les bois. »

ANDRÉ CHÉNIER. *L'Aveugle*. Idylles, II.

Ainsi André Chénier avait reconquis le vers français, et encore une fois chassé les idiots du temple. C'était un crime, et on sait qu'il le paya de sa tête.

Non que son alexandrin soit parfait encore : on y trouve la phrase hachée, l'abus de l'épithète à la rime, et parfois enfin la vieille périphrase, comme *habitant de l'empire céleste*, qui reparaît comme une tache d'huile ! La rime est encore hésitante, et parfois incolore : mais Chénier pouvait-il de rien la créer à nouveau dans toute sa splendeur éblouissante ? Ne lui demandons pas plus qu'il n'a fait, car il a déjà façonné l'ébauche d'un monde. Il ignora surtout que le grand artifice de notre versification consiste à faire paraître beaucoup plus long qu'il ne l'est matériellement notre alexandrin français, qui ne contient que douze syllabes, et qui par sa destination héroïque doit avoir l'ampleur de l'hexamètre latin ! Se débarrasser d'abord des incidences, de tous les traits accessoires, et finir la phrase dans le plein de l'idée, avec les grands mots mélodieux et le grand vers élancé d'un seul jet, voilà la formule moderne. Il était réservé à Hugo de la trouver, comme toutes les autres Amériques, mais plus de trente ans après qu'il avait balbutié timidement ses premières chansons. Quel malheur que cet Hercule victorieux aux mains sanglantes n'ait pas été un révolutionnaire tout à fait, et qu'il ait laissé vivre une partie des monstres qu'il était chargé d'exterminer avec ses flèches de flamme ! Il pouvait, lui, de sa puissante main, briser tous les liens dans lesquels le vers est enfermé, et nous le rendre absolument libre, mâchant seulement dans sa bouche écumante le frein d'or de la Rime! Ce que n'a pas fait le géant, nul ne le fera, et nous n'aurons eu qu'une révolution incomplète. Quoi! n'est-ce pas assez d'être monté du vers de *Mustapha et Zéangir* au vers de *La Légende des siècles?* Non, ce n'est pas assez; le vers français ne se traîne plus dans la boue, mais j'aurais voulu qu'il pût s'élever assez haut dans l'air libre pour ne plus rencontrer ni barrières ni obstacles pour ses ailes. J'aurais voulu que le poëte, délivré de toutes les conventions empiriques, n'eût d'autre maître que son oreille délicate, subtilisée par les plus douces caresses de la Musique. En un mot, j'aurais voulu substituer la Science, l'Inspiration, la Vie toujours renouvelée et variée à une Loi mécanique et immobile : c'était trop d'ambition sans doute, car une telle révolution ne laissait vivre que le génie, et tuait, supprimait tout le reste.

Dans sa remarquable prosodie, publiée en 1844, M. Wilhem Ténint établit que le vers alexandrin admet douze combinaisons différentes, en partant du vers qui a sa césure après la première syllabe pour arriver au vers qui a sa césure après la onzième syllabe. Cela revient à dire qu'en réalité la césure peut être placée après n'importe quelle syllabe du vers alexandrin. De même il établit que les vers de six, de sept, de huit, de neuf, de dix syllabes admettent des césures variables et diversement placées. Faisons plus : osons proclamer la liberté complète et dire qu'en ces questions complexes l'oreille décide seule. On périt toujours, non pour avoir été trop hardi, mais pour n'avoir pas été assez hardi.

Mais si je n'ai pas d'oreille ! — Alors, quoique vous soyez exactement dans la situation d'un ouvrier qui, n'ayant pas de bras, voudrait piocher la terre, il y a encore moyen de s'arranger. Vous trouverez chez les maîtres modernes des exemples de toutes les césures et de toutes les coupes, et vous arriverez par singerie et imitation à faire des vers qui seront EN APPARENCE libres et variés. Hélas ! ceci malheureusement n'est pas à l'état d'hypothèse. Lorsque Hugo eut affranchi le vers, on devait croire qu'instruits à son exemple les poëtes venus après lui voudraient être libres et ne relever que d'eux-mêmes. Ainsi Delacroix disait à ses élèves : « Je n'ai qu'une chose à vous apprendre : c'est qu'il ne faut pas m'imiter. » Mais tel est en nous l'amour de la servitude que les nouveaux poëtes copièrent et imitèrent à l'envi les formes, les combinaisons et les coupes les plus habituelles de Hugo, au lieu de s'efforcer d'en trouver de nouvelles. C'est ainsi que, façonnés pour le joug, nous retombons d'un esclavage dans un autre, et qu'après les PONCIFS CLASSIQUES il y a eu des PONCIFS ROMANTIQUES, poncifs de coupes, poncifs de phrases, poncifs de rimes; et le poncif, c'est-à-dire le lieu commun passé à l'état chronique, en poésie comme en toute autre chose, c'est la Mort.

Au contraire osons vivre! et vivre, c'est respirer l'air du ciel et non l'haleine de notre voisin, ce voisin fût-il un dieu!

Ici se terminent les quelques observations générales sur le vers français que j'ai essayé de rassembler. J'étudierai maintenant ce même vers appliqué à chacun des genres de poëme, depuis l'Épopée jusqu'à l'Épigramme; car il ne faut dédaigner aucune forme, dans la poésie non plus que dans la nature, où les infiniment petits ont quelquefois construit les assises d'un continent et bâti des mondes.

CHAPITRE VI

DE L'APPROPRIATION DES MÈTRES DIVERS AUX DIVERS POËMES FRANÇAIS

En commençant ce chapitre, pénétrons-nous à nouveau d'une vérité que j'ai répétée à satiété déjà et que je ne saurais trop répéter encore. Née libre, vivante et harmonieusement organisée comme tous les êtres, la poésie française, à partir du XVIIe siècle, a été non-seulement réduite en esclavage, mais tuée, embaumée et momifiée. Sous prétexte de lui conserver de nobles attitudes, on avait commencé par lui arracher les entrailles, et ce qui restait d'elle avait été serré si étroitement dans des bandelettes implacables qu'elle eût été étouffée certainement, si l'on ne l'avait tout d'abord éventrée et mutilée. Or, nous qui cherchons non pas la mort mais la vie, nous l'étudierons, non pas au moment où elle était morte, mais à l'époque où elle a été vivante et à l'époque où elle est redevenue vivante. Ceci explique pourquoi nous marchons résolûment sur de prétendues règles qui ne sont pas seulement meurtrières, mais qui ont le tort plus grave encore d'être absolument niaises et inutiles.

Encore une fois, déchirons, supprimons, jetons au vent tout le fatras! — D'une part, il existe un grand nombre de strophes d'odes, dont les grands poëtes, tant dans les époques primitives qu'au xvi° siècle et dans le présent xix° siècle, ont créé la forme admirable et immortelle, soit à l'imitation des lyriques orientaux, grecs et latins, soit par le propre effort de leur génie, obéissant aux mêmes lois qui régissent le cours des astres et modèrent toutes les forces de la nature. Ce trésor des strophes d'ode déjà existantes peut être augmenté, et en effet est augmenté tous les jours par les poëtes doués du génie de la métrique. Et toutefois il faut qu'eux-mêmes ils prennent bien garde de ne pas inventer INUTILEMENT des strophes moins belles que celles qui existent déjà, et ne s'appliquant pas à des usages différents ou n'étant pas aptes à produire des effets nouveaux. C'est grossir à tort et démesurément le matériel que comporte la tradition de notre art, matériel déjà si long à étudier que les poëtes modernes négligent et laissent tomber en désuétude, faute de les connaître ou d'en avoir deviné l'emploi, beaucoup de strophes d'ode d'une forme ingénieuse et excellente. Une nouvelle strophe d'ode ne sera durable, n'existera par conséquent et ne vivra que si elle ne fait pas double emploi avec une strophe déjà existante, que si elle est parfaitement harmonieuse et équilibrée, que si enfin elle peut être chantée, condition indispensable et première de toute poésie.

D'autre part, la précieuse tradition française nous a légué un certain nombre de poëmes dont la forme, parfaitement arrêtée et définie, comporte un certain nombre fixe de strophes et de vers, en un mot un arrangement régulier et complet auquel il est interdit de changer rien, ces poëmes ayant trouvé depuis longtemps leur forme définitive et absolue. Ces poëmes sont : le *Rondel*, la *Ballade*, la *Double Ballade*, le *Sonnet*, susceptible par exception d'être disposé de plusieurs façons diverses, bien qu'il existe une forme type et classique du Sonnet, qui de toutes est incontestablement la meilleure; le *Rondeau*, le *Rondeau redoublé*, le *Triolet*, la *Villanelle*, le *Lai*, le *Virelai* et le *Chant Royal*. Je néglige de citer deux ou trois poëmes qui, tombés dans un juste oubli, ne sont qu'une tradition morte. Pourtant, lorsque je serai arrivé à la fin de cette étude, je ferai mention de ces poëmes (*Sextine*, *Glose*, *Acrostiche*), et en même temps de ce que les prosodistes ont nommé les *Vieilles Rimes* (*Rimes Kyrielle, Batelée, Fraternisée, Empérière, Annexée, Enchaînée, Équivoque, Couronnée*), uniquement à titre de curiosité et d'amusement.

Donc c'est ici que, laissant toute demi-mesure, je dois me montrer nettement révolutionnaire comme la Vérité, et faire table rase de toutes les erreurs et de tous les mensonges qu'on a eu coutume d'admettre jusqu'à présent comme vérités indiscutables.

Il faut le dire clairement et résolûment, à part les strophes d'ode, et les poëmes à forme définitive que nous a légués la tradition, il n'a jamais existé ou il n'existe plus dans la poésie française rien de positif, et tout ce qu'on a pu dire ou écrire sur la nécessité d'employer tel mètre ou tel rhythme dans la composition de tel ou tel poëme doit être considéré comme nul et non avenu. Le poëte, dans cette appropriation des mètres et des rhythmes au sujet qu'il traite, ne relève plus désormais que de son inspiration et de son génie. Révolution immense, incalculable, vertigineuse, et qui dans la langue française date, sans contestation possible, de l'avénement du prodigieux poëte Victor Hugo.

Avant lui, notre poésie, déchue de sa beauté

première et dépouillée aussi de la beauté nouvelle que lui avaient donnée plus tard les grands hommes du siècle de Louis XIV, succombait sous l'excès du prosaïsme et de la platitude, et la dégénérescence de l'art en était arrivée à ce point que le Lyrisme manquait à tous les genres de notre poésie, même à l'Ode, qui est le Lyrisme par excellence, ou qui, pour mieux dire, n'est que Lyrisme.

Qu'est-ce que le lyrisme?

C'est l'expression de ce qu'il y a en nous de surnaturel et de ce qui dépasse nos appétits matériels et terrestres, en un mot de ceux de nos sentiments et de celles de nos pensées qui ne peuvent être réellement exprimés que par le Chant, de telle sorte qu'un morceau de prose dans lequel ces sentiments ou ces pensées sont bien exprimés fait penser à un chant ou semble être la traduction d'un chant.

Aussi peut-on poser comme un axiome que l'athéisme, ou négation de notre essence divine, amène nécessairement la suppression de tout Lyrisme dans ce qu'aux époques athées on nomme à tort : *la poésie*. C'est pourquoi cette prétendue poésie, comme l'a prouvé tout le xviiie siècle, est une chose morte, un cadavre.

La poésie ne se compose pas exclusivement de

Lyrisme. Elle contient une partie consacrée aux choses matérielles et finies, qui est le *Récitatif*, et une partie consacrée à exprimer les aspirations de notre âme immatérielle, qui est le *Chant*. Mais, sans le Chant, sans le Lyrisme, elle n'est plus divine, et par conséquent n'est plus humaine, puisque l'homme est un être divin.

Victor Hugo ramena l'Ode, ardente, rayonnante, animant tout de son sourire d'or, secouant sa chevelure de lumière embrasée, et pressant les flancs du coursier ailé qui semble

L'immense papillon du baiser infini !
Les Contemplations, Livre I, xxvi.

Elle enflamma, incendia, pénétra, remplit d'elle, anima de sa lumière et de sa vie tous les genres poétiques, Épopée, Tragédie, Drame, Comédie, Églogue, Idylle, Élégie, Satire, Épître, Fable, Chanson, Conte, Épigramme, Madrigal. Elle se mêla à eux et les mêla à elle, si bien que les poëmes de tous les genres n'existèrent plus qu'à la condition de contenir de l'Ode en eux, et que l'Ode fondit et absorba en elle toutes les vertus et toutes les forces des différents genres de poëmes. De là ce caractère absolu de notre poésie, merveilleusement ressuscitée par Victor Hugo, et, à côté de lui ou après lui, par d'autres grands artistes : Béranger, Théophile Gautier, de Vigny, les Deschamps, Alfred de Musset, Sainte-Beuve, Baudelaire, Leconte de Lisle et les jeunes gens qui les suivirent. ELLE EST LYRIQUE, *et tout homme digne de porter aujourd'hui le nom de poëte est un poëte lyrique*. Nous pourrons sans peine le prouver, le montrer, par de courts exemples, en passant rapidement en revue les genres autres que les poëmes traditionnels à forme fixe (*Rondel, Ballade, Double-Ballade, Sonnet, Rondeau, Rondeau Redoublé, Triolet, Villanelle, Lai, Virelai, Chant Royal*), c'est-à-dire l'*Épopée*, le *Poëme* proprement dit, la *Tragédie*, le *Drame*, la *Comédie*, l'*Églogue*, l'*Idylle*, l'*Élégie*, la *Satire*, l'*Épître*, la *Fable*, la *Chanson*, le *Conte*, l'*Épigramme*, le *Madrigal*.

J'omets à dessein le *Poëme Didactique*, si fort goûté par nos grands-pères, qui non-seulement n'existe plus, mais qui en réalité n'exista jamais. Car autant il est indispensable qu'Homère, avant l'invention de l'écriture [1], fixe et éternise dans son poëme les notions scientifiques de son temps, autant il est absurde, après l'invention de l'imprimerie, de traiter des sciences et des arts parvenus

---

1. Voyez Giguet : *Encyclopédie homérique* (à la suite de sa traduction des *Œuvres complètes d'Homère*,) page 725. — Hachette, 1863.

à leur apogée, autrement que dans la langue technique, claire et précise qui leur est propre. Sous prétexte d'élégance, les poëtes didactiques auteurs de poëmes sur l'art du Tourneur, sur le Jardinage, sur la Navigation, dépensent une remarquable ingéniosité à ne pas appeler les choses par leur nom, et à remplacer les substantifs communs par de longues périphrases, qui exposeraient fort Œdipe à être dévoré par la Sphinge, s'il était tenu, sous peine de mort, de deviner ce qu'elles signifient. C'est ainsi que l'un d'entre eux, voulant parler d'un jardin où se trouvent des instruments d'astronomie, de physique et de chimie, épuise, comme on va le voir, toutes les manières possibles de ne pas appeler un chat, un chat :

> Si jadis tes Ayeux parèrent ta maison
> Des bisarres beautés d'un gothique écusson;
> Dans tes jardins, par-tout, je vois que ton génie
> L'orna plus sagement des travaux d'Uranie.
> Ici, sur un pivot vers le Nord entraîné,
> L'aiman cherche à mes yeux son point déterminé :
> Là de l'antique *Hermès* le minéral fluide
> S'élève, au gré de l'air plus sec ou plus humide.
> Ici, par la liqueur un tube coloré
> De la température indique le degré :
> Là, du haut de tes toits, incliné vers la terre,
> Un long fil électrique écarte le Tonnerre.
> Plus loin la cucurbite, à l'aide du fourneau,
> De légères vapeurs mouille son chapiteau :

Le règne végétal, analysé par elle,
Offre à l'œil curieux tous les sucs qu'il recèle ;
Et plus haut, je vois l'ombre, errante sur un mur,
Faire marcher le tems d'un pas égal et sûr.

COLARDEAU. *Epître à M. Duhamel.*

Les travaux d'Uranie, ce sont les instruments des sciences ; cet *aiman, qui cherche à mes yeux son point déterminé*, et qui loin de mes yeux le chercherait tout de même, c'est la boussole ; ce *minéral fluide de l'antique* Hermès (ou mercure) *qui s'élève au gré de l'air plus sec ou plus humide*, c'est le baromètre ; ce *tube coloré par la liqueur* (c'est-à-dire qui enferme une liqueur colorée) c'est le thermomètre ; ce *long fil électrique*, c'est le paratonnerre ; cette *cucurbite qui de légères vapeurs mouille son chapiteau*, c'est l'alambic ; et cette *ombre errante sur un mur* qui *fait marcher le tems* (c'est-à-dire, indique la marche du temps), c'est le cadran solaire. On voit que non-seulement Colardeau désigne les objets par des périphrases pompeuses et ampoulées, mais qu'il arrive même à ne pas les désigner du tout, et à dire tout le contraire de ce qu'il veut dire. Combien n'eût-on pas surpris l'honnête auteur des *Amours de Pierre le Long et de Geneviève Bazu*, si on lui avait affirmé qu'il aurait dû écrire tout simplement : les instruments, la boussole, le baromètre, le thermomètre, l'alambic, le paratonnerre! — « Mais alors, eût-il demandé, à quoi bon être académicien, si c'est pour parler comme tout le monde? » Et il aurait eu raison, car un académicien, qui fait le dictionnaire, a le droit d'être incompréhensible, s'il le veut; mais un bon poëte est tenu de désigner chaque objet par le nom qui lui est propre.

J'appelle un chat un chat et Rolet un fripon,

fait dire au Damon de sa première satire, Boileau, qui cette fois se trompe encore; car il faut appeler un chat un chat, mais appeler Rolet un fripon, même s'il est un fripon, c'est emprunter la rhétorique des dames de la halle. Et puisque nous avons tout juste à point rencontré Boileau, citons encore un exemple (le dernier!) dans lequel l'auteur de *L'Art Poétique* prouve, sans recours, que les explications techniques ne doivent pas être données en vers. Après avoir parlé des poëtes scrupuleux qui n'osent défigurer l'histoire, et pour lesquels *Apollon*, à ce qu'il prétend, *fut toujours avare de son feu,* il donne *à ce propos* les règles du Sonnet, dans les termes que voici :

Apollon de son feu leur fut toujours avare.
On dit, à ce propos, qu'un jour ce Dieu bizarre,

> Voulant pousser à bout tous les Rimeurs François,
> Inventa du Sonnet les rigoureuses loix ;
> Voulut qu'en deux quatrains de mesure pareille
> La Rime avec deux sons frappât huit fois l'oreille ;
> Et qu'ensuite six Vers, artistement rangez,
> Fussent en deux Tercets par le sens partagez.
> Sur-tout de ce Poëme il bannit la licence ;
> Lui-mesme en mesura le nombre et la cadence ;
> Deffendit qu'un Vers foible y pût jamais entrer,
> Ni qu'un mot déjà mis osât s'y remontrer.
> Du reste, il l'enrichit d'une beauté suprême :
> Un Sonnet sans défauts vaut seul un long Poëme.
>
> BOILEAU. *L'Art poétique*, Chant II.

Je vois bien que les deux quatrains doivent être de mesure pareille ; mais encore, quelle est cette mesure, et dans quel ordre les vers de ces quatrains seront-ils disposés ? Et (dirait justement Alceste) qu'est-ce qu'une *Rime* qui, *avec deux sons frappe huit fois l'oreille ?* Et que : *Un mot déjà mis ?* Boileau veut bien nous apprendre que les six vers composant les deux tercets doivent être *artistement rangés*. Artistement, soit ; mais comment et dans quel ordre ? Comme on le verra quand nous en serons à expliquer les règles du Sonnet, un prisonnier qui ne connaîtrait pas ces règles et à qui on donnerait la démonstration que nous avons citée, en lui promettant la liberté pour le jour où il aurait composé un sonnet sans aute, mourrait dans sa prison, comme l'homme au masque de fer. — Passé les âges homériques, ce n'est plus au poëte qu'il appartient d'expliquer les sciences et les métiers. Si les vases de terre que pétrit le potier primitif sont à la fois utiles et beaux, — dans les âges héroïques et religieux, tout ce qui est utile est beau en même temps, — cela ne doit pas nous entraîner, dans une époque de civilisation complexe, raffinée et matérialiste, à choisir, pour y cuire notre soupe, une coupe d'or précieusement ciselée par Benvenuto. Le vers et la prose ont alors chacun leur domaine, parfaitement séparé, délimité et défini. *Chacun son métier*, c'est, hélas! la devise obligatoire des époques où la SCIENCE imparfaite a remplacé le pur, complet, sublime et impeccable INSTINCT DU BEAU, et où par conséquent les arts et les métiers ne sont plus une seule et même chose.

L'ÉPOPÉE ET LE POËME PROPREMENT DIT.

L'ÉPOPÉE est un poëme de création essentiellement collective, né pour ainsi dire dans la conscience d'un peuple, exprimant dans leur beauté primitive les origines de sa religion et de son histoire, et qu'après le peuple qui l'a inventé, un grand poëte, tâchant de *se mettre en état de grâce*, c'est-à-dire de retrouver l'instinct, la naïveté première, revêt de sa forme définitive.

L'Épopée n'est vraiment l'Épopée qu'à la condition d'être d'abord née ainsi spontanément, et c'est assez dire qu'elle ne saurait exister à l'état d'œuvre littéraire artificielle et voulue. La critique moderne a démontré excellemment cette vérité. J'emprunte à l'Introduction que F. Génin a placée en tête de sa traduction de *La Chanson de Roland, poëme de Théroulde*[1], quelques lignes décisives, en suppliant le lecteur qui veut se faire des idées justes sur la poésie épique de lire cette Introduction tout entière :

« Le caractère essentiel de l'Épopée, c'est la
« grandeur jointe à la naïveté ; la virilité, l'éner-
« gie de l'homme sont unies à la simplicité, à
« la grâce ingénue de l'enfant : c'est Homère.
« Comment cette production essentiellement pri-
« mitive aurait-elle pu éclore à des époques pé-
« dantes ou d'une civilisation corrompue, comme
« le xvi°, le xvii° et le xviii° siècle? Le poëte épi-
« que vit dans les siècles épiques, et de même
« que l'âge d'or était l'âge où l'or ne régnait
« pas, les temps épiques sont les temps où le
« nom de l'épopée était inconnu. Achille et Aga-
« memnon, comme Roland et Charlemagne, ne
« soupçonnaient pas qu'ils fussent des héros

[1]. Paris, Imprimerie nationale, 1850. — Se trouve chez Potier, libraire, quai Voltaire, 9.

« épiques, non plus qu'Homère ni Théroulde ne
« poursuivaient pas la gloire de bâtir une épo-
« pée. Guerriers comme poëtes, ils obéissaient
« à un instinct...

..... « Il faut avouer, dit Voltaire [1], qu'il est
« plus difficile à un Français qu'à un autre de
« faire un poëme épique; mais ce n'est ni à cause
« de la rime, ni à cause de la sécheresse de notre
« langue. Oserai-je le dire? C'est que de toutes
« les nations polies la nôtre est la moins poéti-
« que. — Oserai-je à mon tour contredire Vol-
« taire? Il n'est pas plus difficile à un Français
« qu'à un autre de faire un poëme épique, et la
« nation française n'est pas la moins poétique de
« toutes les nations polies. La difficulté n'est
« pas celle qu'indique Voltaire; la voici : c'est
« qu'un siècle raisonneur n'est pas plus capable
« de produire une épopée qu'un enfant de pro-
« duire un traité de philosophie. »

Les encyclopédistes, qui souvent ont vu si loin
et si juste, avaient été entraînés à proclamer le
contraire de cette vérité par la nécessité où ils
se trouvaient d'imposer comme un article de foi
l'admiration de *La Henriade*. On lit dans l'*Encyclopédie*, à l'article *Épopée :* « Nous croyons pou-

---

1. *Essai sur le poëme épique*, chap. IV.

« voir partir de ce principe : qu'il n'est pas plus
« raisonnable de donner pour modèle en Poésie
« le plus ancien poème connu, qu'il le serait de
« donner pour modèle en Horlogerie la première
« machine à rouage et à ressort, quelque mérite
« qu'on doive attribuer aux inventeurs de l'un
« et de l'autre. » C'était partir d'un mauvais
principe, et le côté faible de la comparaison,
c'est que l'invention épique ne progresse pas
comme l'art de fabriquer des horloges, et
n'existe qu'à la condition d'être spontanée et inconsciente. Si donc un poëte veut tenter d'écrire aujourd'hui une œuvre épique, il devra abolir son raisonnement et retrouver son instinct, en un mot redevenir un homme primitif, se refaire naïf et religieux dans les idées mêmes du peuple dont il adopte la légende, et laisser fleurir, en dehors des conventions modernes, l'héroïsme qu'il porte en lui, comme tout poëte.

C'est ce qu'a fait dans *La Légende des siècles* Victor Hugo, parcourant, des âges bibliques à l'époque moderne, toutes les religions et toutes les civilisations, se mettant toujours non à son point de vue, mais à celui des héros qu'il ressuscite, et retrouvant en lui-même leur héroïsme et leur foi naïve. C'est ce qu'a fait Leconte de Lisle dans plusieurs de ses *Poëmes Barbares,* et surtout dans le *Kaïn*, qui reste le plus parfait modèle de ce que pourra être aujourd'hui le style épique :

Thogorma dans ses yeux vit monter des murailles
De fer d'où s'enroulaient des spirales de tours
Et de palais cerclés d'airain sur des blocs lourds ;
Ruche énorme, géhenne aux lugubres entrailles
Où s'engouffraient les Forts, princes des anciens jours.

Ils s'en venaient de la montagne et de la plaine,
Du fond des sombres bois et du désert sans fin,
Plus massifs que le cèdre et plus hauts que le pin,
Suants, échevelés, soufflant leur rude haleine
Avec leur bouche épaisse et rouge, et pleins de faim.

C'est ainsi qu'ils rentraient, l'ours velu des cavernes
A l'épaule, ou le cerf, ou le lion sanglant.
Et les femmes marchaient, géantes, d'un pas lent,
Sous les vases d'airain qu'emplit l'eau des citernes,
Graves, et les bras nus, et les mains sur le flanc.

Elles allaient, dardant leurs prunelles superbes,
Les seins droits, le col haut, dans la sérénité
Terrible de la force et de la liberté,
Et posant tour à tour dans la ronce et les herbes
Leurs pieds fermes et blancs avec tranquillité.

Le vent respectueux, parmi leurs tresses sombres,
Sur leurs nuques de marbre errait en frémissant,
Tandis que les parois de rocs couleur de sang,
Comme de grands miroirs suspendus dans les ombres,
De la pourpre du soir baignaient leur dos puissant.

Les ânes de Khamos, les vaches aux mamelles
Pesantes, les boucs noirs, les taureaux vagabonds
Se hâtaient, sous l'épieu, par files et par bonds ;
Et de grands chiens mordaient le jarret des chamelles,
Et les portes criaient en tournant sur leurs gonds.

Et les éclats de rire et les chansons féroces
Mêlés aux beuglements lugubres des troupeaux,
Tels que le bruit des rocs secoués par les eaux,
Montaient jusques aux tours où, le poing sur leurs crosses,
Des vieillards regardaient dans leurs robes de peaux ;

Spectres de qui la barbe, inondant leurs poitrines,
De son écume errante argentait leurs bras roux,
Immobiles, de lourds colliers de cuivre aux cous,
Et qui, d'en haut, dardaient, l'orgueil plein les narines,
Sur leur race des yeux profonds comme des trous [1].

LECONTE DE LISLE. *Kaïn. Poëmes Barbares.*

Un tel exemple en dit plus que toutes les théories possibles. Comme le lecteur l'a remarqué, ce tableau superbe et grandiose est *vu* comme aurait pu le voir en effet un géant des premiers jours du monde, et le poëte ne l'a pas déparé par un seul trait moderne, qui eût fait évanouir l'illusion. Là est le salut de l'Épopée, si elle est encore possible. Je crois fermement qu'elle l'est,

---

[1]. On a pu voir qu'en opposition avec la règle que nous avons donnée dans le chapitre de LA RIME, le grand poëte que nous citons ici fait rimer les mots en *anc* et en *ang* terminés par un c ou par un g, avec les mots en *ant* et en *ent* terminés par un T : *flanc* avec *lent* et *sang* avec *frémissant*. Ceci n'est pas une critique, car le génie fait les règles et ne les subit pas ; mais que les versificateurs écoliers se gardent bien d'imiter cet exemple!

pour un poëte de génie, — et il y a des poëtes de génie dans tous les temps, — car aujourd'hui seulement nous savons ce que doit être et ce que ne doit *pas être* un poëme épique. Et, à ce propos, une question se pose naturellement :

PEUT-ON ET DOIT-ON LIRE LA HENRIADE ?

Si l'on est assuré de bien savoir faire les vers et de posséder tout à fait son instrument, alors, *mais seulement alors*, oui, on peut, si on en a la patience, et même on doit lire *La Henriade,* pour apprendre en une seule fois, au point de vue de l'invention, de l'histoire, du merveilleux, des épisodes, des caractères et du style, tout ce que *ne doit pas être* un poëme épique.

Un préjugé longtemps répandu en France a voulu que le poëme épique dût être écrit en vers alexandrins à rimes plates, pour rappeler les hexamètres de l'*Iliade* et ceux de l'*Énéide*. Une pareille opinion ne repose absolument sur rien. Sans parler de la *Jérusalem délivrée,* des *Lusiades* et du *Roland furieux,* qui sont écrits en strophes, de *La Divine Comédie* qui est écrite en *terza rima*, et, pour nous borner à la France, notre *véritable* épopée nationale, *La Chanson de Roland,* est écrite en vers de dix syllabes avec la césure placée après la quatrième syllabe. « Le vers de dix

« syllabes, dit Génin, est l'ancien vers épique,
« le véritable vers des chansons de geste; l'a-
« lexandrin n'y a été employé qu'à la seconde
« époque, au commencement du xiii° siècle : ce
« fut une innovation dont le premier exemple
« paraît être le roman d'*Alexandre,* par Alexan-
« dre de Bernay ou de Paris. Les poëmes au-
« thentiques du xii° siècle, comme *Guillaume*
« *d'Orange* et la *Chanson d'Antioche,* sont en
« vers de dix syllabes. S'il s'y trouve çà et là un
« vers de douze, c'est par inadvertance du copiste
« ou du poëte. »

Après ces trop incomplètes remarques sur l'É-popée, j'ai peu de chose à dire du *Poëme* proprement dit, car ici les exemples sont tout, et il suffit de lire *Albertus* et *La Comédie de la Mort* de Théophile Gautier, les *Romances du roi Rodrigue* d'Émile Deschamps, *Éloa* d'Alfred de Vigny, *Namouna* d'Alfred de Musset, pour comprendre que le Poëme peut aborder tous les sujets, prendre tous les tons, s'exprimer en alexandrins ou en vers lyriques, demander son inspiration à toutes les mythologies, à toutes les légendes et à toutes les histoires, qu'enfin son domaine est infini, et que l'inspiration du poëte est, dans ce genre de composition, le seul générateur du style qu'il adoptera.

Une condition cependant, une seule, est indispensable pour que le Poëme mérite son nom de poëme, ou œuvre qui ne peut être faite que par un poëte. — C'est qu'il soit autre chose que le Roman ou le Conte écrit en vers, et par conséquent qu'il s'élève à des hauteurs où le Conte et le Roman ne pourraient pas le suivre. Tel est, par exemple, le grand morceau sur don Juan dans *Namouna*, morceau qui est du chant pur, et qui, même traduit en prose, ferait dans tout roman ou conte *une tache lyrique* :

Tu parcourais Madrid, Paris, Naple et Florence,
Grand seigneur aux palais, voleur aux carrefours ;
Ne comptant ni l'argent, ni les nuits, ni les jours ;
Apprenant du passant à chanter sa romance ;
Ne demandant à Dieu, pour aimer l'existence,
Que ton large horizon et tes larges amours.

Tu retrouvais partout la vérité hideuse,
Jamais ce qu'ici-bas cherchaient tes vœux ardents,
Toujours l'hydre éternel qui te montrait les dents ;
Et poursuivant toujours ta vie aventureuse,
Regardant sous tes pieds cette mer orageuse,
Tu te disais tout bas : Ma perle est là dedans.

Tu mourus plein d'espoir dans ta route infinie
Et te souciant peu de laisser ici-bas
Des larmes et du sang aux traces de tes pas.
Plus vaste que le ciel et plus grand que la vie,
Tu perdis ta beauté, ta gloire et ton génie,
Pour un être impossible, et qui n'existait pas.

Et le jour que parut le convive de pierre,
Tu vins à sa rencontre et lui tendis la main;
Tu tombas foudroyé sur ton dernier festin :
Symbole merveilleux de l'homme sur la terre,
Cherchant de ta main gauche à soulever ton verre,
Abandonnant ta droite à celle du Destin !
ALFRED DE MUSSET. *Namouna*. Chant II.

Nous avons dit que le Poëme peut se transformer à l'infini; il nous est permis cependant d'avoir un idéal du POËME MODERNE. Il réunirait tout : esprit, gaieté, enthousiasme, ironie; il serait complexe comme notre vie, ailé comme nos aspirations. Dans un cadre actuel et avec des personnages costumés en habit noir, il s'élèverait au merveilleux épique et au merveilleux bouffon. Mais que dis-je? ce poëme existe, nous l'avons, c'est *Atta-Troll,* et s'il est écrit en allemand, du moins son auteur, le Prussien Henri Heine, est Français, Français comme l'esprit même. Et dans ce puissant et amusant poëme, où un Parisien fait la chasse à l'ours dans les Pyrénées, avec toutes les allures d'un dandy, il sait nous montrer le poëte souabe changé en chien, écumant la marmite d'Uraka la sorcière, et le vieil ours Atta-Troll rêvant une apothéose de petits ours à la fourrure rose et, sous la lune, dans le Ravin des Esprits, aux cris de : Hallo et houssa ! la chasse fantastique où défilent Nemrod, Charles X, le roi Arthus, Ogier le Danois, Wolfgang Gœthe, William Shakspeare et ce trio de fantômes adorables, Hérodiade, la déesse Diane et la fée Habonde !

Oui, voilà la forme future du poème, et ne craignez pas de relire celui-là sans cesse [1] ! — Pour terminer, quelle est la valeur du poëme dit *héroï-comique?* Quoique *Le Lutrin* de Boileau soit une œuvre excellente, et malgré l'exemple plus illustre encore de la *Batrachomyomachie* [2], un poëme héroï-comique, c'est-à-dire une parodie de poëme épique, est toujours une farce trop longue. Les caricatures de Daumier nous charment, parce qu'il les improvise d'un crayon agile et rapide ; mais, en dépit de sa fougue michelangesque et de tout son génie, ne semblerait-il pas qu'il se moque de nous s'il s'avisait de peindre longuement ces caprices sur une toile immense ?

1. *Atta-Troll* dans les *Poëmes et Légendes*, par HENRI HEINE (traduits en prose française, par l'auteur et Gérard de Nerval). Chez Calmann Lévy.
2. Ou *Le Combat des grenouilles et des rats*, poème attribué à Homère. Voyez la traduction de Leconte de Lisle, à la suite de sa traduction de l'*Odyssée*. — Chez Alphonse Lemerre.

CHAPITRE VII

DE LA TRAGÉDIE AU MADRIGAL

La Tragédie est un poëme en action, dialogué et mêlé de strophes lyriques récitées et chantées en chœur, qui nous fait assister aux malheurs et aux crimes des héros fils des Dieux, et fait revivre sous nos yeux la lutte de leurs passions déchaînées les unes contre les autres et se débattant sous la Fatalité divine. Quels que soient les paradoxes qu'on a débités sur ce point, la Tragédie n'est tragédie qu'autant qu'elle choisit pour ses personnages des rois et des princes de la race des Dieux et qu'elle les montre directement persécutés par la colère de ces Dieux dont ils sont sortis. Autrement elle change de nature, cesse d'être, et devient le Drame. On a dit cent fois, en reproduisant toujours le même argument spécieux : « Pourquoi un savetier, meurtrier de sa mère ou meurtrier de ses enfants, ne serait-il pas aussi tragique, malgré son humble condition, que peut l'être un roi grec coupable des mêmes crimes? » Le savetier peut être aussi effrayant, aussi terrible, aussi émouvant que le roi grec, mais il est moins tragique, puisque la Tragédie a précisément pour objet les crimes et les malheurs des rois, choisis dans une époque primitive et religieuse. Si nous voulons retrouver notre chemin au milieu des inutiles et dangereuses broussailles dont on a hérissé la critique et l'histoire de la poésie, ne nous séparons jamais de ce talisman invincible qui déblaie tous les chemins et éclaire toutes les ombres, et qui consiste à appeler un chat : un chat.

En essayant de définir la Tragédie, j'ai dit *un poëme mêlé de strophes lyriques récitées, et chantées en chœur*. En effet, si le dialogue n'est pas mélangé de poésie lyrique, il n'y a pas, à proprement dire, Tragédie. Pourquoi? C'est que la Tragédie est un poëme essentiellement religieux, et que c'est précisément la poésie lyrique chantée par le Chœur qui exprime les pensées et les sentiments religieux que la représentation des infortunes tragiques excite à la fois chez le spectateur et chez le poëte. S'ils ne peuvent échanger, confondre les sentiments de pitié et d'épouvante que font naître en eux des crimes dont la vue excite l'horreur, leur cœur succombera, se brisera sous cette horreur poussée à ses dernières limites. Après de si furieuses secousses, l'âme immortelle a besoin de parler, de s'adresser directement à la divinité dont elle procède. C'est ce que fait le Chœur; unissant dans son essor lyrique l'âme du poëte et l'âme du spectateur, il affirme leurs aspirations, leurs désirs, leurs communes espérances :

LE CHŒUR.

O Prométhée, je déplore ton lamentable destin. Un ruisseau de larmes coule de mes yeux attendris; humide rosée qui mouille mon visage. L'affreux supplice que t'impose Jupiter, c'est pour montrer qu'il n'a de lois que son caprice, c'est pour faire sentir son orgueilleux empire aux Dieux qui furent puissants autrefois.

Déjà toute la plage a retenti d'un cri plaintif. Ils pleurent tes nobles et antiques honneurs; ils pleurent la gloire de tes frères; ils souffrent de tes lamentables douleurs, tous ces mortels qui habitent le sol sacré de l'Asie : et les vierges de Colchide, intrépides soldats; et la horde scythe, qui occupe les bords du marais Méotide, aux extrêmes confins du monde; et cette fleur de l'Arabie, ces héros dont le Caucase abrite les remparts, bataillons frémissants, hérissés de lances.

Le seul dieu que j'eusse vu jadis chargé des chaînes d'airain de la douleur pesante, c'était cet infatigable Titan, Atlas, dont le dos supporte un immense et éclatant fardeau, le pôle des cieux. La vague des mers tombe sur la vague et mugit; l'abîme pousse un gémissement; l'enfer ténébreux frémit dans les profondeurs de la terre; les sources des fleuves à l'onde sacrée exhalent un douloureux murmure : tout, dans le monde, pleure sur les tourments d'Atlas.

Eschyle. *Prométhée enchaîné* [1].

On comprend quelle devait être la grandeur d'un spectacle où le Chant, ailé comme une prière, unissait ainsi l'âme humaine au ciel. Et comment la Tragédie aurait-elle pu se passer de l'Hymne? Elle en était née; elle avait été à son origine ce chant de joie et d'espérance que les vendangeurs couronnés de vignes chantaient en l'honneur de Bakkhos. Thespis eut l'idée d'introduire au milieu de ce chant, récité par des chœurs, un acteur qui racontât les actions de Bakkhos. Puis le poëte prit des sujets étrangers à ce dieu et eut enfin l'idée de diviser le récit en plusieurs parties, pour couper plusieurs fois le chant. Eschyle, pour le récit, mit deux acteurs au lieu d'un, transporta sur le théâtre toute l'action épique et du premier coup créa la Tragédie, plus belle et plus parfaite qu'elle ne devait jamais l'être après lui. Car s'il imagina le jeu et la lutte des passions humaines, il sut y intéresser le Chœur, toujours préoccupé, comme notre âme livrée à elle-même, des vérités éternelles et divines, et c'est dans cette associa-

[1]. *Théâtre d'Eschyle*, traduction de M. Alexis Pierron. — Bibliothèque Charpentier.

tion de l'élément humain et de l'élément divin que consiste proprement la Tragédie.

Si l'on se pénètre bien de cette vérité, on comprendra combien il est puéril de se demander, comme on l'a fait si souvent, si la Tragédie est morte chez nous, si elle avait été en effet ressuscitée par Mlle Rachel, etc. Non-seulement la Tragédie est morte chez nous, mais la vérité est qu'elle n'y naquit jamais. Car, pour que nous eussions réellement des tragédies, il aurait fallu que nous fussions de la même religion que les héros, fils des Dieux, que mettaient en scène nos auteurs tragiques, et qu'un Chœur chanté exprimât les pensées communes au poëte et au spectateur. En réalité, les tragédies de Racine ont toujours au fond pour sujet les événements qui se passaient à la cour de Louis XIV; et l'adoration de Louis XIV était le seul lien entre les spectateurs et lui; mais c'est là une religion qui n'avait pas un grand avenir, et que le Roi-Soleil devait emporter dans sa tombe.

Qu'a donc, en résultat, fait le grand poëte Racine? Des chefs-d'œuvre magnifiques, parfaits, immortels, dans un genre qui était destiné à mourir, même quand ces chefs-d'œuvre étaient destinés à vivre. Mais quand il écrivit *Esther* et *Athalie*, c'est-à-dire des tragédies dont le sujet était pris dans sa vraie religion, il retrouva nécessairement la vraie forme tragique. D'ailleurs, il avait bien senti en lui-même combien la poésie lyrique est une partie nécessaire de la Tragédie, et si ses deux poëmes sacrés sont les seuls que coupent de divines strophes chantées, du moins il ne manqua jamais, dans les autres, d'atténuer l'horreur du drame par des élans de 'yrisme qui suppléent, autant que cela est possible, à la strophe absente. Mais dans les chœurs d'*Esther*, il retrouve, anime, réveille délicieusement de son long sommeil l'harmonieuse, la gémissante lyre de Sophocle et d'Euripide.

UNE ISRAÉLITE, SEULE.

Pleurons et gémissons, mes fidèles compagnes;
A nos sanglots donnons un libre cours;
Levons les yeux vers les saintes montagnes
D'où l'innocence attend tout son secours.
O mortelles alarmes !
Tout Israël périt. Pleurez, mes tristes yeux :
Il ne fut jamais sous les cieux
Un si triste sujet de larmes.

TOUT LE CHŒUR,

O mortelles alarmes !

UNE AUTRE ISRAÉLITE.

N'étoit-ce pas assez qu'un vainqueur odieux
De l'auguste Sion eût détruit tous les charmes,
Et traîné ses enfants captifs en mille lieux ?

TOUT LE CHŒUR.

O mortelles alarmes !

LA MÊME ISRAÉLITE.

Faibles agneaux livrés à des loups furieux,
Nos soupirs sont nos seules armes.

TOUT LE CHŒUR.

O mortelles alarmes !

RACINE. *Esther*, Acte I, Scène v.

Mille fois plus que Racine, Corneille fut, dans le vrai sens du mot, un poëte tragique. Il arrivait après Jodelle, après Garnier, après Hardy, et cependant il fut le premier poëte français qui véritablement composa des tragédies, et pour bien dire, il fut aussi le dernier. Dans l'histoire des transformations de la poésie, il arrive bien souvent que l'homme qui, chez un peuple, crée une forme poétique, est à la fois le premier et le dernier qui sache s'en servir. Ceci s'applique exactement à Corneille, qui, à prendre les choses dans leur vérité absolue, a été en France LE SEUL auteur tragique. Seul en effet il a réuni dans ses poëmes les deux conditions sans lesquelles la Tragédie n'est pas et ne peut pas être : car *sa tragédie est toujours* RELIGIEUSE ET LYRIQUE.

RELIGIEUSE. — On se demandera tout d'abord comment *Cinna*, *Pompée*, *Œdipe*, *Rodogune*, dont les sujets sont empruntés à l'histoire romaine, grecque et asiatique, peuvent être des tragédies religieuses pour des chrétiens. L'objection est inévitable et se dresse d'elle-même devant moi ; mais il est facile d'y répondre. Avec la profonde intuition du grand poëte, Corneille dégagea l'idée fondamentale du christianisme, qui est le sacrifice, l'immolation de l'individu au devoir et à un idéal supérieur à ses intérêts terrestres ; et de cette idée, de plus en plus raffinée et sublimée, il fit le sujet de toutes ses pièces. *Le Cid*, c'est l'immolation de l'amour au sentiment filial ; *Horace,* c'est l'immolation de la famille à la patrie ; *Cinna*, c'est l'immolation du ressentiment humain à la clémence quasi-divine ; *Polyeucte,* c'est l'immolation et le sacrifice de tout amour terrestre à l'amour divin. La Tragédie de Corneille fut donc toujours religieuse, comme celle des Grecs ; mais tandis que, chez les Grecs, elle l'était par l'assentiment unanime de tout un peuple et par la volonté du législateur, elle le fut chez Corneille par l'initiative et par l'instinct seul du poëte, ne trouvant d'aide et de ressource qu'en lui-même pour transporter dans le monde moderne, avec les qualités traditionnelles qui pouvaient le rendre durable, un poëme que les anciens seuls avaient possédé et connu.

LYRIQUE. — Le même instinct qui avait révélé à Corneille que la Tragédie doit être religieuse, lui avait révélé en même temps qu'elle doit être lyrique, sous peine de ne pas être. Il ne pouvait songer à obtenir des chœurs de ses comédiens encore si peu riches, et qui sortaient à peine de l'état nomade; et il sentait bien d'ailleurs que, dans le monde moderne, le lyrisme parlé devait se substituer fatalement au lyrisme chanté. Alors, par une admirable transposition, il imagina LE MONOLOGUE LYRIQUE en stances régulières, qui devait aussi bien que possible, — et merveilleusement pour nous, — remplacer le chœur antique, puisque le monologue représente, par une indiscutable convention dramatique, ce qui se passe dans l'âme du personnage mis en scène. Cette âme parlant à l'âme du spectateur emploie naturellement et nécessairement le langage divin. C'est en strophes que s'exprime don Rodrigue, forcé de choisir entre son amour pour Chimène et sa piété filiale.

> Percé jusques au fond du cœur
> D'une atteinte imprévue aussi bien que mortelle,
> Misérable vengeur d'une juste querelle,
> Et malheureux objet d'une injuste rigueur,
> Je demeure immobile, et mon âme abattue
> Cède au coup qui me tue.
> Si près de voir mon feu récompensé,

O Dieu, l'étrange peine !
En cet affront, mon père est l'offensé,
Et l'offenseur le père de Chimène.

Que je sens de rudes combats !
Contre mon propre honneur mon amour s'interesse :
Il faut venger un père, et perdre une maîtresse ;
L'un m'anime le cœur, l'autre retient mon bras.
Réduit au triste choix ou de trahir ma flame
Ou de vivre en infâme,
Des deux côtés mon mal est infiny.
O Dieu, l'étrange peine !
Faut-il laisser un affront impuny ?
Faut-il punir le père de Chimène ?

CORNEILLE. *Le Cid*, Acte I, Scène VII.

C'est en strophes aussi que Polyeucte, détaché de tout sentiment humain et prêt à embrasser le martyre, exprime son appétit des voluptés célestes :

Source délicieuse en misères féconde ;
Que voulez-vous de moy, flateuses voluptez ?
Honteux attachemens de la chair et du monde,
Que ne me quittez-vous quand je vous ai quittez ?
Allez, honneurs, plaisirs, qui me livrez la guerre,
Toute votre felicité,
Sujette à l'instabilité,
En moins de rien tombe par terre ;
Et, comme elle a l'éclat du verre,
Elle en a la fragilité.

Ainsi n'espérez pas qu'après vous je soûpire.
Vous étalez en vain vos charmes impuissans ;
Vous me montrez en vain, par tout ce vaste empire,

Les ennemis de Dieu pompeux et florissans ;
Il étale à son tour des revers équitables
    Par qui les grands sont confondus,
    Et les glaives qu'il tient pendus
    Sur les plus fortunez coupables,
    Sont d'autant plus inévitables
    Que leurs coups sont moins attendus.
CORNEILLE. *Polyeucte*, Acte IV, Scène II.

Indépendamment des monologues en strophes (et ceci demanderait toute une étude spéciale), Corneille, dans les moments où la passion arrive à son apogée et veut pour expression *quelque chose qui remplace le chant*, coupe son dialogue d'une manière régulière, avec des répliques égales, qui, pour ainsi dire, se font pendant l'une à l'autre, et donnent tout à fait l'*équivalent de la forme lyrique*. Ce procédé est emprunté aux comédies primitives du vieux théâtre français, qui, dans ce cas, admettent même LE VERS REFRAIN, revenant plusieurs fois de suite, ce qui donne au dialogue une saveur imprévue et une grâce étrange. On en trouve dans les pièces de Corneille, et surtout dans *Le Cid*, de nombreux et admirables exemples :

LE COMTE.
Ce que je méritois, vous l'avez emporté.
DON DIÈGUE.
Qui l'a gagné sur vous l'avoit mieux mérité.

LE COMTE.
Qui peut mieux l'exercer en est bien le plus digne.
DON DIÈGUE.
En estre refusé n'en est pas un bon signe.
LE COMTE.
Vous l'avez eu par brigue, étant vieux courtisan.
DON DIÈGUE.
L'éclat de mes hauts faits fut mon seul partisan.
LE COMTE.
Parlons en mieux; le Roy fait honneur à votre âge.
DON DIÈGUE.
Le Roy, quand il en fait, le mesure au courage.
LE COMTE.
Et par là cet honneur n'étoit dû qu'à mon bras.
DON DIÈGUE.
Qui n'a pu l'obtenir ne le méritoit pas.
CORNEILLE. *Le Cid*, Acte I, Scène IV.

Après cet exemple, en voici un autre tiré du même poëme, qui mieux encore montre l'alexandrin classique pénétré par le Chant et offran[t] l'harmonie régulière et musicale de l'Ode :

DON RODRIGUE.
O miracle d'amour !
CHIMÈNE.
O comble de misères !

DON RODRIGUE.
Que de maux et de pleurs nous coûteront nos pères !
CHIMÈNE.
Rodrigue, qui l'eust cru !
DON RODRIGUE.
Chimène, qui l'eust dit !
CHIMÈNE.
Que nostre heur fût si proche et si-tost se perdit !
DON RODRIGUE.
Et que si près du port, contre toute apparence,
Un orage si prompt brisast notre espérance !
CHIMÈNE.
Ah ! mortelles douleurs !
DON RODRIGUE.
Ah ! regrets superflus !
CHIMÈNE.
Va-t'en, encore un coup, je ne t'écoute plus.
CORNEILLE. *Le Cid*, Acte III, Scène IV.

Des quelques observations qui précèdent il résulte deux choses. L'une c'est que, si jamais la Tragédie peut renaître chez nous (ou naître), c'est en se rapprochant le plus possible de la forme de la Tragédie grecque, ou du moins de la Tragédie de Corneille. — La seconde c'est que, contrairement à ce qu'on a cru et dit souvent, la limite qui sépare le Drame de la Tragédie est parfaitement connue et définie. D'une part le Drame n'est pas tenu d'être religieux et national au point de vue des spectateurs qui l'écoutent; de l'autre, dans le Drame, le Lyrisme est mêlé et contenu dans la trame du vers alexandrin; tandis que dans la Tragédie il se sépare du dialogue et paraît sous sa forme type d'Ode et de Chant divisé en strophes. Ceci est le point capital; car la forme de l'Ode étant mise à part, le Drame peut s'élever aux plus sublimes élans lyriques, et, pour s'en convaincre, il n'y a qu'à parcourir le Théâtre de Victor Hugo :

Oui, ce soleil est beau. Ses rayons, — les derniers ! —
Sur le front du Taunus posent une couronne;
Le fleuve luit; le bois de splendeur s'environne;
Les vitres du hameau là-bas sont tout en feu;
Que c'est beau! que c'est grand! que c'est charmant, mon Dieu!
La nature est un flot de vie et de lumière !...

   Victor Hugo. *Les Burgraves*, Première Partie, Scène III.

De ma vie, ô mon Dieu! cette heure est la première.
Devant moi tout un monde, un monde de lumière,
Comme ces paradis qu'en songe nous voyons,
S'entr'ouvre en m'inondant de vie et de rayons!
Partout en moi, hors moi, joie, extase et mystère,
Et l'ivresse, et l'orgueil, et ce qui sur la terre
Se rapproche le plus de la divinité,
L'amour dans la puissance et dans la majesté!

   Victor Hugo. *Ruy-Blas*, Acte III, Scène IV.

Tout s'est éteint, flambeaux et musique de fête.
Rien que la nuit et nous! Félicité parfaite!
Dis, ne le crois-tu pas? sur nous, tout en dormant,
La nature à demi veille amoureusement.
La lune est seule aux cieux, qui comme nous repose,
Et respire avec nous l'air embaumé de rose!
Regarde : plus de feux, plus de bruit. Tout se tait.
La lune tout à l'heure à l'horizon montait,
Tandis que tu parlais, sa lumière qui tremble
Et ta voix toutes deux m'allaient au cœur ensemble;
Je me sentais joyeuse et calme, ô mon amant!
Et j'aurais bien voulu mourir en ce moment.

Victor Hugo, *Hernani*, Acte V, Scène III.

LA COMÉDIE.

Ce qui est vrai pour la Tragédie l'est aussi pour la Comédie. Née comme sa sœur sur le chariot de Thespis, la Comédie ne peut pas plus qu'elle se passer de l'élément lyrique, *sous une forme ou sous une autre*, et tous les grands génies qui lui ont donné sa forme définitive, Corneille (qui lui laisse comme à la Tragédie le monologue en strophes), Molière, Racine, Beaumarchais, ont tous cherché, chacun à leur manière, l'équivalent du Chœur d'Aristophane. Car, dans la Comédie, le Lyrisme est le repos et l'équilibre de la farce bouffonne poussée à l'excès, comme dans la Tragédie il est le repos et le contre-poids des terreurs extra-humaines. Souvent, dans les intermèdes de ses comédies héroïques, Molière emploie la poésie lyrique pure :

> Usez mieux, ô beautés fières!
> Du pouvoir de tout charmer :
> Aymez, aymables Bergères,
> Nos cœurs sont faits pour aymer :
> Quelque fort qu'on s'en deffende,
> Il faut y venir un jour ;
> Il n'est rien qui ne se rende
> Aux doux charmes de l'Amour.
>
> MOLIÈRE. *La Princesse d'Élide*, sixième Intermède.

Dans une comédie écrite en prose, *L'Avare*, au moment où la passion d'Harpagon est tendue et exaltée au suprême degré, le poëte sent alors qu'il doit se mettre en communication avec le spectateur et lui adresser directement la parole :

> Que de gens assemblés! Je ne jette mes regards sur personne qui ne me donne des soupçons, et tout me semble mon voleur. Hé! de quoi est-ce qu'on parle là? de celui qui m'a dérobé? Quel bruit fait-on là-haut? Est-ce mon voleur qui y est? De grâce, si l'on sait des nouvelles de mon voleur, je supplie que l'on m'en dise. N'est-il point caché là parmi vous? Ils me regardent tous et se mettent à rire.
>
> MOLIÈRE. *L'Avare*, Acte IV, Scène VII.

Dans *Amphitryon*, mettant en scène des rois et des Dieux, Molière emploie la forme poétique par excellence, le vers libre, dont je définirai la création et le mouvement dans le prochain chapitre de cette étude : et il l'emploie de même dans sa comédie héroïque *Psiché*, à laquelle le grand Corneille travailla avec lui.

PSICHÉ.

Des tendresses du sang peut-on estre jaloux ?

L'AMOUR.

Je le suis, ma Psiché, de toute la Nature.
Les rayons du soleil vous baisent trop souvent,
Vos cheveux souffrent trop les caresses du Vent,
  Dès qu'il les flatte, j'en murmure ;
  L'air mesme que vous respirez
Avec trop de plaisir passe par vostre bouche,
  Vostre habit de trop près vous touche,
  Et, si-tost que vous soupirez,
  Je ne sais quoi qui m'effarouche
Craint, parmy vos soûpirs, des soûpirs égarez.
MOLIÈRE. *Psiché*, Acte III, Scène III.

On le voit, même chez Molière, le bon sens fait homme, la belle Comédie ne peut renier son origine lyrique. Mais de nos jours même, dans la comédie en prose d'Alfred de Musset, nous retrouvons distinct, séparé des acteurs et s'appelant par son nom, le Chœur d'Aristophane :

LE CHŒUR.

Doucement bercé sur sa mule fringante, messer Blazius s'avance dans les bluets fleuris, vêtu de neuf, l'écritoire au côté. Comme un poupon sur l'oreiller, il se ballotte sur son ventre rebondi, et, les yeux à demi fermés, il marmotte un *Pater Noster* dans son triple menton. Salut, maître Blazius, vous arrivez au temps de la vendange, pareil à une amphore antique.

ALFRED DE MUSSET. *On ne badine pas avec l'Amour*, Acte 1, Scène 1.

Si jamais la Comédie est menacée de périr chez nous pour un temps, et ce malheur est peut-être plus près de nous que nous ne voudrions nous l'avouer, c'est en se retrempant et en se vivifiant dans l'Ode, sa mère, qu'elle ressuscitera et renaîtra. Mais, comme dit un proverbe ancien, Jupiter affole ceux qu'il veut perdre, et c'est ainsi que nos auteurs comiques ont cru, bien à tort, progresser en ôtant à la Comédie légère le gracieux et dansant couplet de Vaudeville, qui était comme le dernier ressouvenir de son origine.

Enfin il ne faut pas oublier qu'à son origine, en France, la Comédie se servait, non du majestueux et terrible alexandrin, mais du vers ailé, chantant, de huit syllabes :

COLLART.

> Dea, si vous avez maladie
> Ou quelque douleur, qu'on le dye ;
> Car ung médecin bel et bon
> Manderay quérir.

PERNETTE.

> Nenny, non.

COLLART.

Y a il nul en voysinaige
Qui vous a faict ou dict oultraige?
J'en ferai la pugnission
Tant qu'il souffira.

PERNETTE.

Nenny, non.

COLLART.

Eu avez-vous faulte de rien?
De boire ou menger? je sçay bien
Que on ne vous dist jamais non
De chose céans.

PERNETTE.

Nenny, non.

COLLART.

Avez-vous faulte aucunement
De quelque bel habillement
Ou de tissus, de la façon
Qu'on porte à présent?

PERNETTE.

Nenny, non.

COLLART.

Vous ai-je jamais menassée,
Bastue, férue ou frappée,
Ne dire pis que vostre nom,
Quoy que vous fissiez.

PERNETTE.

Nenny, non.

Farce nouvelle à cinq personnages des Femmes qui font refondre leurs maris [1].

Maintenant, je vais en quelques mots et très-rapidement passer en revue les autres genres qui, depuis le moderne avénement de l'Ode, ont gardé si peu de leur existence propre.

L'ÉGLOGUE ET L'IDYLLE. — Ces deux-là peut-être qui mettaient en scène des bergers chanteurs et se plaisaient aux chants alternés, resteront ou pourront revivre sous leur forme primitive, comme le font pressentir deux chefs-d'œuvre : l'*Églogue Napolitaine*, dans laquelle Sainte-Beuve montre le paganisme encore vivant dans la moderne Italie sous les images des saints (*Poésies de Sainte-Beuve*, tome Ier, chez Michel Lévy), et l'adorable *Idylle* d'Alfred de Musset (*Poésies Nouvelles*).

LE PATRE.

Qui viendra contre moi, quand je marche à la tête
De mes grands bœufs, plus grands que le taureau de Crète,
Et dont la corne immense, en sa double moitié,
Semble l'arc pythien tout entier déployé?

1. *Ancien Théâtre français*, ou collection des ouvrages dramatiques les plus remarquables, depuis les mystères jusqu'à Corneille, publié avec des notes et éclaircissements par M. Viollet-le-Duc, 1854, (dans la BIBLIOTHÈQUE ELZÉVIRIENNE).

LE PÊCHEUR.

Qui fuira mieux que moi, quand la rame fidèle
S'ajoute au sein enflé dont ma voile étincelle,
Voile légère au mât, blanche sous le rayon,
Et plus oblique au vent qu'une aile d'alcyon ?

SAINTE-BEUVE. *Églogue Napolitaine.*

Parlons de nos amours : la joie et la beauté
Sont mes dieux les plus chers, après la liberté.
Ébauchons, en trinquant, une joyeuse idylle.
Par les bois et les prés, les bergers de Virgile
Fêtaient la poésie à toute heure, en tout lieu ;
Ainsi chante au soleil la cigale dorée.
D'une voix plus modeste, au hasard inspirée,
Nous, comme le grillon, chantons au coin du feu.

ALFRED DE MUSSET. *Idylle.*

Pour ces deux genres de poëme, nul conseil à donner, sinon celui de bien lire Théocrite, dans le grec, s'il se peut, sinon dans la belle traduction de Leconte de Lisle[1], et de prendre, de l'arrangement divin de ses cadres, ce qui peut s'appliquer à la vie moderne.

L'ÉLÉGIE. — Aujourd'hui, toute lyrique :

> Elle était pâle et pourtant rose,
> Petite avec de grands cheveux.
> Elle disait souvent : Je n'ose,
> Et ne disait jamais : Je veux.

---

1. Hésiode-Hymnes Orphiques-Théocrite-Bion-Moskhos-Tyrtée-Odes Anacréontiques. Traduction nouvelle par Leconte de Lisle. (1869. — Chez Alphonse Lemerre.)

> Le soir, elle prenait ma Bible
> Pour y faire épeler sa sœur,
> Et, comme une lampe paisible,
> Elle éclairait ce jeune cœur.
>
> Victor Hugo, Les Contemplations, Livre IV, vii.

La Satire. — Absorbée dans l'Ode. Voir les *Iambes* d'Auguste Barbier, et tout le volume des *Châtiments*.

> Chastes buveuses de rosée
> Qui, pareilles à l'épousée,
> Visitez le lys du coteau,
> O sœurs des corolles vermeilles,
> Filles de la lumière, abeilles,
> Envolez-vous de ce manteau !
>
> Victor Hugo, *Le Manteau Impérial*. Les Châtiments, Livre V, iii.

L'Épître. — Dans l'âge des chemins de fer, de la photographie, du télégraphe électrique et du câble sous-marin, les amusements littéraires sont finis. Il n'y a plus que le langage vulgaire ou scientifique et l'Ode. Comment s'écrirait-on en vers, quand, grâce au ciel, la lettre écrite disparaît déjà devant la dépêche télégraphique ? On trouverait le dernier vestige de l'épître (mais bien pénétrée par le lyrisme) dans les vers des *Contemplations* intitulés : *Écrit en 1846*. (*Livre* V, iii).

> Marquis, je m'en souviens, vous veniez chez ma mère, etc.

La Fable. — Les Fables de la Fontaine sont écrites en vers libres, et quelquefois en vers de huit syllabes. Il n'y a, il n'y a eu et il n'y aura en France qu'un seul fabuliste, lui, et il n'y a pas de fables à faire après la Fontaine. Si Florian l'avait su, nous aurions peut-être quelques bons *Arlequins* de plus et de mauvaises Fables de moins. Les fables de la Fontaine, c'est LA PERFECTION et le dernier mot du génie.

LA CHANSON. — Précisément parce qu'elle touche de si près à l'Ode, elle ne se confondra jamais avec l'Ode; car elle est l'ode gaie, légère, amoureuse. Elle doit fuir le pédantisme comme la peste et ne pas enfourcher Pégase, comme l'a fait trop souvent la Chanson de Béranger. Le vrai chanteur français, vif, gracieux, alerte comme Chérubin, c'est encore Alfred de Musset:

>   Allons, mon intrépide,
>   Ta cavale rapide
>   Frappe du pied le sol,
>   Et ton bouffon balance,
>   Comme un soldat sa lance,
>   Son joyeux parasol!
>
>   Mets ton écharpe blonde
>   Sur ton épaule ronde,
>   Sur ton corsage d'or,
>   Et je vais, ma charmante,
>   T'emporter dans ta mante,
>   Comme un enfant qui dort!

ALFRED DE MUSSET. *Le Lever.* Chansons à mettre en musique

Le Conte. — En dépit de la *Silvia* d'Alfred de Musset, et du délicieux *Diamant-noir* de M. le marquis de Belloy, nous devons à l'avenir conter en prose. Toujours pour les mêmes raisons, c'est que la poésie n'a gardé et n'a dû garder pour domaine que les genres où elle est indispensable et *où rien ne peut la remplacer*. Après Balzac et Edgar Poe, le conte en vers n'existe plus.

L'Épigramme était une raillerie fine ou cruelle enfermée dans quelques vers aux pointes acérées ; le Madrigal, un compliment ingénieux dit en quelques vers. On en fait encore en prose dans la conversation ; mais si le Madrigal et l'Épigramme en vers ont leur raison d'être dans le Poème et dans la Comédie, ils ne se servent plus à part, comme au temps des bustes en porcelaine et des bergères couleur de rose. Les meilleurs qu'on ait faits dans notre langue se trouvent réunis dans un receuil : le Nouveau Recueil des Épigrammatistes français, anciens et modernes, à Amsterdam, chez les frères Wetstein, 1720.

> Les Amis de l'heure présente
> Ont le naturel du Melon,
> Il faut en essayer cinquante
> Avant que d'en trouver un bon,

a dit un épigrammatiste ; mais un bon madrigal

est cent fois plus rare qu'un bon ami, car le moyen d'être neuf et original en comparant une femme à une rose? Il faudrait pour cela commencer par réhabiliter la Rose, que tant de madrigaux fades sont presque parvenus à déshonorer, même après que Cypris l'avait faite semblable à ses lèvres et teinte de son précieux sang!

CHAPITRE VIII

DES RHYTHMES ET DE L'ODE

Comme l'Ode, je le répète une dernière fois, a absorbé tous les genres poétiques, comme elle est devenue toute la poésie moderne, comme ses moyens d'expression ont varié à l'infini avec les impressions et les sentiments qu'elle a dû peindre, comme depuis les poëtes de la Pléiade jusqu'à nous, une innombrable quantité de rhythmes a été chaque jour créée, il ne faudrait rien moins qu'un immense ouvrage spécial pour énumérer tous les rhythmes qui existent, et surtout ceux qui n'existent pas, car combien de rhythmes ont été créés par l'empirique fantaisie du premier venu, en dehors de toute harmonie musicale, et ne vivant pas, par l'excellente raison qu'ils n'ont jamais vécu ! — Mais au sujet des rhythmes à inventer, je répugne à donner quoi que ce soit qui ressemble à une règle, ou même à une indication, et voici pourquoi. C'est qu'à moins d'être parfaitement sûr qu'on est un homme de génie et doué du génie particulier de la métrique, non-seulement on n'a pas besoin d'inventer des rhythmes nouveaux, *mais on a le strict devoir de ne pas en inventer*. Il en existe un si grand nombre d'excellents que dans toute une vie de poëte on a à peine le temps de les étudier, et on n'a jamais l'occasion de les appliquer tous. Et parmi ceux qui existent vous trouverez toujours celui qui s'applique à ce que vous voulez peindre : à quoi bon par conséquent en inventer de nouveaux ?

Mais, parmi les rhythmes connus, quels sont ceux qui existent en réalité et quels sont ceux qui n'existent pas? Votre oreille, votre sens musical doivent vous le dire ; mais pas suffisamment, j'en conviens, car chez les plus grands poëtes, et notamment (pour prendre tout de suite le taureau par les cornes), chez Victor Hugo, on trouve beaucoup de types de Strophe dont l'artiste a tiré un admirable parti, et qui sont cependant, en tant que strophe, combinés d'une manière empirique. Mais hélas! comment nous retrouver dans ce labyrinthe? Où est la mort? où est la vie? La question est-elle donc insoluble? Non, dans notre art il n'y a pas de question insoluble, si l'on a l'humilité de cœur et si l'on veut bien se rappeler sans cesse que les conditions de la vie sont toujours semblables à elles-mêmes.

N'oublions jamais la légende du géant libyen Antée, qui, en touchant sa mère la Terre, y puisait des forces nouvelles, et reportons-nous encore une fois à l'étymologie du mot Poésie : ποιεῖν faire, ποίημα ce qui est fait. — Pour qu'une Strophe existe, il faut qu'elle soit faite, c'est-à-dire qu'on ne puisse pas en séparer les parties sans la briser, sans la détruire complètement.

Si une Strophe est combinée de telle façon qu'en la coupant en deux on obtienne deux strophes, dont chacune sera individuellement une strophe complète, elle n'existe pas en tant que strophe.

Telle est celle-ci, que Victor Hugo a souvent et magnifiquement employée :

> Non, l'avenir n'est à personne,
> Sire! l'avenir est à Dieu!
> A chaque fois que l'heure sonne,
> Tout ici-bas nous dit adieu.
> L'avenir! l'avenir! mystère!
> Toutes les choses de la terre,
> Gloire, fortune militaire,
> Couronne éclatante des rois,
> Victoire aux ailes embrasées,
> Ambitions réalisées,
> Ne sont jamais sur nous posées
> Que comme l'oiseau sur les toits!

Victor Hugo. *Napoléon II. Les Chants du crépuscule,* v.

Il est évident qu'en coupant cette strophe en deux après le quatrième vers, nous obtenons deux strophes complètes et parfaitement bien portantes, l'une de quatre vers, l'autre de huit vers. Ce type de strophe n'occupe donc pas dans l'ordre lyrique un rang plus élevé que dans l'échelle animale un polype dont on peut dédoubler la vie en le coupant en deux.

Que faudrait-il pour que cette strophe existât ?
— Il faudrait que les quatre premiers vers fussent soudés aux huit derniers par un arrangement de rimes tel qu'on ne puisse séparer ces deux parties sans laisser dans l'une ou l'autre un vers privé de sa rime, c'est-à-dire sans avoir détruit, tué la strophe elle-même, puisqu'en français il n'y a pas de vie poétique sans la rime. C'est ce que le lecteur comprendra parfaitement tout à l'heure, quand nous examinerons le DIZAIN et le HUITAIN.

A plus forte raison, un Rhythme n'existe d'aucune manière et à aucun titre, quand il suffit de changer la disposition typographique du texte pour que l'existence individuelle de ce prétendu rhythme disparaisse complètement. Tel est, — j'en suis fâché, mais c'est le cas de dire : « Platon m'est cher, mais la vérité m'est plus chère que lui, » — tel est le célèbre IAMBE prétendu d'André

Chénier et d'Auguste Barbier, superbe et d'une puissante énergie quand ces maîtres l'emploient, mais qui, en tant que rhythme, n'a qu'un tort, celui de ne pas exister.

> Quant au mouton bêlant la sombre boucherie
>   Ouvre ses cavernes de mort,
> Pauvres Chiens et Moutons : toute la bergerie
>   Ne s'informe plus de son sort.
> Les enfants qui suivaient ses ébats dans la plaine ;
>   Les vierges aux belles couleurs
> Qui le baisaient en foule, et sur sa blanche laine
>   Entrelaçaient rubans et fleurs,
> Sans plus penser à lui, le mangent, s'il est tendre :
>   Dans cet abîme enseveli,
> J'ai le même destin : je m'y devais attendre.
>   Accoutumons-nous à l'oubli.
>
>   ANDRÉ CHÉNIER, *Iambes*, II.

Est-il besoin d'insister, et de faire remarquer que nous avons là tout bonnement trois honnêtes strophes de quatre vers, réunies par un simple artifice typographique? De telle sorte qu'au temps où les typographes n'avaient pas adopté l'usage de séparer les strophes par des blancs, le lecteur de ces *Iambes* ne se serait pas même aperçu que le poëte avait prétendu faire autre chose que des strophes de quatre vers. Mon Contradicteur a bien envie de me dire que, dans le morceau d'André Chénier cité tout à l'heure, les huit derniers vers ne forment qu'une seule phrase, et que *par conséquent* ils ne peuvent être divisés en deux strophes. Mais il ne l'ose pas, car il se rappelle ce que nous avons posé de façon à n'avoir plus besoin d'y revenir : à savoir que chez tous les lyriques de tous les pays et de tous les temps, excepté en France au xviie et au xviiie siècle, époque où le sentiment et la science de la versification furent oblitérés et perdus, le Sens et le Rhythme poursuivent parallèlement leur route, sans se croire obligés de faire halte aux mêmes endroits. Et l'on peut s'en convaincre, non-seulement en lisant, mais en *regardant* les Odes d'Horace.

La même observation que nous avons faite pour les *Iambes* s'applique à ce rhythme de Ronsard :

> O grand'beauté, mais trop outrecuidée
> Des présens de Venus,
> Quand tu voirras ta face être ridée
> Et les flocons chenus,
> Contre le temps et contre toi rebelle,
> Diras en te tançant :
> Que ne pensois-je alors que j'estois belle
> Ce que je vay pensant?
> Ou bien pourquoy à mon désir pareille
> Ne suis-je maintenant?
> La beauté semble à la rose vermeille,
> Qui meurt incontinent.
>
> RONSARD. *A Jeanne impitoyable.* Odes, Livre III, xii.

Elle s'applique aussi à cet autre rhythme du même poète :

> Couché sous tes ombrages vers,
>   Gastine, je te chante
> Autant que les Grecs, par leurs vers,
>   La forest d'Erymanthe :
> Car, malin, celer je ne puis
>   A la race future
> De combien obligé je suis
>   A ta belle verdure.
> Toy qui, sous l'abri de tes bois,
>   Ravy d'esprit m'amuses ;
> Toy qui fais qu'à toutes les fois
>   Me respondent les Muses ; etc.
>
> RONSARD. *A la Forest de Gastine.* Odes, Livre II, xv.

Il n'y a là pas autre chose que des strophes de quatre vers, dont l'aspect matériel est défiguré par un artifice typographique. En imaginant ce prétendu rhythme, Ronsard a été égaré par le désir de reproduire l'*aspect* de certaines odes d'Horace, et il a oublié que dans notre versification dont la Rime est l'âme essentielle, les diverses parties d'une ode ne sont liées entre elles que si elles sont liées par la rime.

A ce propos, il faut bien que je signale *la gaminerie* (il n'y a pas d'autre mot à employer) par laquelle Alfred de Musset, dans son merveilleux poëme *Mardoche*, écrit en vers alexandrins à rimes plates, s'amusa à séparer le texte, de dix en dix vers, par des chiffres romains, comme si la strophe lyrique pouvait se créer par le même procédé qui sert à diviser une galette en un certain nombre de morceaux de galette ! Hélas ! dans toutes les éditions de son œuvre, ces malheureux chiffres romains, puéril amusement d'un homme de génie, ont été respectés — par lui d'abord, puis par ses éditeurs et par ses héritiers. Que n'a-t-on respecté plutôt les changements à vue shakespeariens de ses Comédies, qu'on a ramenées violemment à l'unité de lieu de Procuste ! — J'ai traité de gaminerie le numérotage des vers de *Mardoche*, car Alfred de Musset si spirituel, — et si savant en versification, malgré les airs innocents qu'il prenait pour faire pièce aux versificateurs trop exacts, n'avait pas pu croire que cette farce typographique rappelait suffisamment la strophe des poëmes byroniens.

Il faut se garder d'une semblable illusion, et il faut bien se garder aussi de croire qu'on a fait quelque chose lorsqu'on a arbitrairement retourné un rhythme comme on retourne un gant, et qu'on a simplement mis les vers masculins à la place des vers féminins, et réciproquement. —

En cette affaire comme en beaucoup d'autres, le désir de s'instituer maître de son autorité propre, avant d'avoir été un bon écolier, a fait faire aux gens beaucoup de sottises. Jamais, en apparence, on n'a inventé plus de rhythmes que dans ces dernières années ; mais leur plus grand défaut c'est qu'ils n'existent pas. Pour la plupart du temps mal façonnés, mal équilibrés, manquant d'harmonie et de pondération, ils remplissent très-mal le rôle que les rhythmes déjà existants remplissaient très-bien. Aussi peut-on dire que celui qui les emploie, les a imaginés, non par le besoin réel qu'il avait d'eux, mais par ignorance.

Je m'explique. Un rimeur plus orgueilleux que savant (il y en a) pense un poëme, qui trouverait très-bien sa forme nécessaire dans tel rhythme existant ; mais comme ce rhythme, notre rimeur ne le connait pas, faute d'avoir assez lu les maîtres du XVIe siècle et les maîtres contemporains, il a plus tôt fait d'en créer un au hasard que d'aller chercher là où il est celui qu'il lui faudrait ; et il satisfait ainsi du même coup son orgueil et sa paresse. Est-ce donc à dire qu'il faut nous en tenir au passé, interrompre la vie intellectuelle, et nous interdire le droit de créer des rhythmes ? Non, sans doute, mais il faut connaître tous ceux qu'ont employés nos prédécesseurs, et qui ont été construits conformément à des lois éternelles, et ne pas les remplacer inutilement par d'autres qui ne les valent pas.

Ceci s'applique non seulement à la poésie, mais à tous les arts et à toutes les sciences. On croit qu'un moyen manque et nous fait défaut, quand au contraire il est depuis des siècles à notre disposition. Cela tient surtout à cette cause que de notre temps, dans l'artiste et dans le poëte, on n'a voulu voir que le penseur, le prophète, le *vates*, qui certes existe en lui ; mais il doit contenir aussi un ouvrier, qui, comme tous les ouvriers, doit avoir appris son métier par imitation et en connaître la tradition complète.

Chose étrange et sur laquelle je ne saurais revenir trop souvent ! personne n'aurait l'idée de créer à nouveau, de tirer de son âme, d'inventer de toutes pièces le métier de la menuiserie ou celui de la serrurerie, et cependant on a la prétention de savoir, sans l'avoir appris, le métier de la poésie, qui est le plus difficile de tous ! Tel menuisier de village façonne une colonne torse mieux que nos ébénistes d'art, parce qu'il se borne à reproduire fidèlement les modèles que lui ont laissés son père et son aïeul, menuisiers comme lui. Tâchez d'être aussi sages que ces artisans, et ne remplacez pas par des monstres nouveaux les modèles excellents qui vous ont été légués. Mais c'est assez nous arrêter à ce qu'il ne faut pas faire, et je ne puis mieux clore cet épisode que par un conseil dont je recommande à mes lecteurs la sagesse pratique :

Rhythmes nouveaux. — *En fait de rhythmes, se défier absolument de tout ce qu'on a prétendu ou cru inventer depuis le XVIe siècle.*

Étudions maintenant quelques-uns des plus vieux ou des meilleurs rhythmes français, et tout d'abord le HUITAIN et le DIZAIN, qui sont peut-être ce que l'art lyrique a produit chez nous de plus parfait : aussi les poëtes modernes les ont-ils abandonnés ! Pourtant, ils comptent dans leurs rangs de savants et habiles artistes : puisse l'un d'entre eux, saisi de pitié, arracher le Huitain et le Dizain à un injuste oubli ! Je commence par citer deux exemples de huitains, l'un écrit en vers de dix syllabes et commençant par un vers féminin, l'autre écrit en vers de huit syllabes et commençant par un vers masculin.

HUITAIN ÉCRIT EN VERS DE DIX SYLLABES, ET COMMENÇANT PAR UN VERS FÉMININ

Lorsque je voy en ordre la brunette
Jeune, en bon poinct, de la ligne des Dieux,
Et que sa voix, ses doits et l'espinette
Meinent ung bruyet doulx et mélodieux,
J'ay du plaisir, et d'oreilles, et d'yeulx,
Plus que les sainctz en leur gloire immortelle ;
Et autant qu'eulx je deviens glorieux
Dès que je pense estre ung peu aymé d'elle.

CLÉMENT MAROT. *D'Anne jouant de l'espinette.* Épigrammes, CXX.
Œuvres complètes, édition Pierre Jannet, chez Lemerre.

HUITAIN ÉCRIT EN VERS DE HUIT SYLLABES ET COMMENÇANT PAR UN VERS MASCULIN

> Quand je vous ayme ardantement,
> Vostre beauté toute aultre efface ;
> Quand je vous ayme froidement,
> Vostre beauté fond comme glace.
> Hastez-vous de me faire grâce
> Sans trop user de cruaulté :
> Car si mon amytié se passe,
> A Dieu command vostre beauté.

CLÉMENT MAROT. *D'une qui faisoit la longue.* Épigrammes, CI. Œuvres complètes. Édition Pierre Jannet.

Le Huitain peut être indifféremment écrit en vers de dix syllabes ou en vers de huit syllabes.

Soit qu'il soit écrit en vers de dix syllabes ou en vers de huit syllabes, il peut indifféremment commencer par un vers féminin ou par un vers masculin.

Dans le Huitain, il y a quatre vers qui riment ensemble : MASCULINS si le huitain *commence par un vers féminin;* FÉMININS si le huitain *commence par un vers masculin.* Ce sont le second, le quatrième, le cinquième et le septième vers. Le premier et le troisième vers riment ensemble. Le sixième et le huitième vers riment ensemble. Mais ces deux couples de rimes sont si bien liés et tressés entre eux par la rime quadruplée des second, quatrième, cinquième et septième vers, qu'on ne saurait couper nulle part sans la briser cette belle strophe, qui forme un tout d'une si parfaite cohésion.

Naturellement le huitième vers qui renferme le trait, la chute, est le plus important du Huitain ; et cependant le poète doit mettre toute son ingéniosité dans l'invention de la rime qui sera quadruplée, car il faut qu'elle puisse se lier et comme pensée et comme son avec les deux autres couples de rimes. — Dans tous ces rhythmes compliqués, l'imagination, ou du moins, hélas ! à son défaut, la science — de la Rime est indispensable.

Je passe au Dizain, et, comme pour le Huitain, je commence par les exemples.

DIZAIN ÉCRIT EN VERS DE DIX SYLLABES ET COMMENÇANT
PAR UN VERS FÉMININ

> Anne par jeu me jecta de la neige,
> Que je cuidoys froide, certainement :
> Mais c'estoit feu, l'expérience en ay-je,
> Car embrasé je fuz soudainement.
> Puisque le feu loge secretement
> Dedans la neige, où trouveray-je place
> Pour n'ardre point ? Anne, ta seule grâce
> Estaindre peut le feu que je sens bien,
> Non point par eau, par neige, ne par glace,
> Mais par sentir ung feu pareil au mien.

CLÉMENT MAROT. *D'Anne qui lui jecta de la neige.* Épigrammes, XXIV
Édition Pierre Jannet.

DIZAIN ÉCRIT EN VERS DE DIX SYLLABES ET COMMENÇANT PAR UN VERS MASCULIN

> Pour ung dixain que gaingnastes mardy,
> Cela n'est rien, je ne m'en fais que rire,
> Et fuz tresaise alors que le perdy,
> Car aussi bien je vouloys vous escrire,
> Et ne sçavois bonnement que vous dire,
> Qui est assez pour se taire tout coy.
> Or vous payez, je vous baille dequoy
> D'aussi bon cueur que si je le donnoye;
> Que pleust à Dieu que ceulx à qui je doy
> Fussent contents de semblable monnoye.

CLÉMENT MAROT. *Épigramme qu'il perdit contre Heleine de Tournon.* Épigrammes, LXXXVII. Édition Pierre Jannet.

Le Dizain peut être écrit en vers de huit syllabes; mais il est bien plus souvent et presque toujours écrit en vers de dix syllabes. Comme le Huitain, il peut commencer indifféremment par un vers féminin ou par un vers masculin. Voici quelle est sa contexture : Le premier vers rime avec le troisième vers. Le second, le quatrième et le cinquième vers riment ensemble. Le sixième, le septième et le neuvième vers riment ensemble. Le huitième vers rime avec le dixième vers.

Le Dizain est certes moins solidement bâti que le Huitain, car il semble en quelque sorte pouvoir se diviser en deux parties, l'une qui finit avec le cinquième vers, l'autre qui commence avec le sixième. Cependant il est si bien conçu, si bien pondéré; la double rime du quatrième et du cinquième vers, rattachée à celle du second vers, appelle si bien la double rime du sixième et du septième vers rattachée à celle du neuvième vers, qu'on n'aurait pas le courage de donner le coup de ciseau qui séparerait les deux parties de cette belle strophe. Tout l'artifice, toute la gloire du poëte consiste à bien attacher sa strophe, précisément là où elle risque de se casser, c'est-à-dire entre le cinquième vers et le sixième. Il faut que le cinquième vers soit une véritable Schéhérazade, dont l'imagination force le sultan son maître à brûler d'envie d'entendre le sixième vers!

Terza Rima. C'est un de nos plus beaux rhythmes, et, en dépit de son origine italienne, un des plus français, noble, gracieux, rapide, apte à prendre tous les tons, et qui se prête à la fois au chant et au récit. On serait tenté de le croire d'invention récente, parce que ce sont nos contemporains qui ont excellé à s'en servir; mais, au contraire, nous le trouvons, du vivant même de Ronsard, chez le poëte comique et tragique Étienne Jodelle, dans les vers *A sa Muse* :

Tu sçais, ô vaine Muse, ô Muse solitaire
Maintenant avec moi, que ton chant qui n'a rien
De vulgaire, ne plaist non plus qu'un chant vulgaire, etc.

Mais ne poussons pas plus loin cet exemple. Pour les *Terza Rima,* **le poëte qu'il faut lire et étudier toujours, c'est Théophile Gautier, maître et seigneur absolu de ce rhythme, qu'il a poussé à la dernière perfection, comme tous ceux auxquels il lui a plu de toucher :**

Sur l'autel idéal entretenez la flamme,
Guidez le peuple au bien par le chemin du beau,
Par l'admiration et l'amour de la femme.

Comme un vase d'albâtre où l'on cache un flambeau,
Mettez l'idée au fond de la forme sculptée,
Et d'une lampe ardente éclairez le tombeau.

Que votre douce voix, de Dieu même écoutée,
Au milieu du combat jetant des mots de paix,
Fasse tomber les flots de la foule irritée.

Que votre poésie, aux vers calmes et frais,
Soit pour les cœurs souffrants comme ces cours d'eau vive
Où vont boire les cerfs dans l'ombre des forêts.

Faites de la musique avec la voix plaintive
De la création et de l'humanité,
De l'homme dans la ville et du flot sur la rive.

Puis, comme un beau symbole, un grand peintre vanté
Vous représentera dans une immense toile,
Sur un char triomphal par le peuple escorté :

Et vous aurez au front la couronne et l'étoile !

THÉOPHILE GAUTIER. *Le Triomphe de Pétrarque.* Poésies diverses, 1833-1838.

Comme on le voit, dans les *Terza Rima,* **le premier et le troisième vers de la première stro-**

phe riment ensemble. Puis le second vers de la première strophe rime avec le premier et le troisième vers de la seconde strophe. Le second vers de la troisième strophe rime avec le premier et le troisième vers de la quatrième strophe, et ainsi de suite, et le poème se termine par un vers isolé qui rime avec le second vers de la dernière strophe. — Rhythme admirable, attaché et serré comme une tresse d'or, et qui n'admet aucune défaillance, aucun repos dans le souffle lyrique; mais comme il faut penser de loin, voir surgir à la fois toutes ses rimes et embrasser, au moment même où on l'imagine, toute sa composition!

Brizeux a essayé de créer des rhythmes composés de tercets. Ils sont beaux, mais bien inférieurs aux *Terza Rima*, puisque les strophes n'y sont pas attachées les unes aux autres. Ils sont pourtant habilement inventés, et il faut les étudier. On les trouvera dans les *Poésies Complètes de Brizeux*[1], au recueil intitulé *La Fleur d'Or*, qui s'est précédemment appelé *Les Ternaires* (chez Paul Masgana, 1842).

En fait de tercets, une erreur complète (oh! que je souffre à l'écrire!), c'est le prétendu rhythme, adopté par Victor Hugo lui-même! dont

---

1. Éditions Michel Lévy et Alphonse Lemerre.

je vais donner un exemple, tiré de ses *Contemplations*. Mais en commençant ce petit livre qui sera si incomplet et si imparfait, j'ai accepté le dur et cruel devoir d'être sincère :

Mes deux frères et moi, nous étions tout enfants.
Notre mère disait : « Jouez, mais je défends
« Qu'on marche dans les fleurs et qu'on monte aux échelles. »

Abel était l'aîné, j'étais le plus petit.
Nous mangions notre pain de si bon appétit,
Que les femmes riaient quand nous passions près d'elles.

Nous montions pour jouer au grenier du couvent,
Et là, tout en jouant, nous regardions souvent,
Sur le haut d'une armoire, un livre inaccessible.

Nous grimpâmes un jour jusqu'à ce livre noir;
Je ne sais pas comment nous fîmes pour l'avoir,
Mais je me souviens bien que c'était une Bible.

Victor Hugo. Les Contemplations, Livre V, x.

Ces quatre prétendus tercets ne sont rien autre chose que deux strophes de six vers, dont chacune est coupée en deux morceaux, par un artifice typographique. — Autrement comment pourrais-je admettre que la première strophe soit liée par la rime à la seconde strophe, et que la troisième strophe soit liée par la rime avec la quatrième strophe, sans qu'il y ait aucun lien entre la seconde et la troisième strophe? — Mais je n'insiste pas; la chose est claire pour le lecteur, et combien plus pour mon maître!

Comme conquête de la poésie française sur l'art étranger, il faut encore citer, après les *Terza Rima*, la strophe de six vers adoptée par Alfred de Musset pour plusieurs de ses poèmes :

> Comme dans une lampe une flamme fidèle,
> Au fond du Panthéon le marbre inhabité
> Garde de Phidias la mémoire éternelle,
> Et la jeune Vénus, fille de Praxitèle,
> Sourit encor, debout dans sa divinité,
> Aux siècles impuissants qu'a vaincus sa beauté.
>
> Recevant d'âge en âge une nouvelle vie,
> Ainsi s'en vont à Dieu les gloires d'autrefois ;
> Ainsi le vaste écho de la voix du génie
> Devient du genre humain l'universelle voix...
> Et de toi, morte hier, de toi, pauvre Marie,
> Au fond d'une chapelle il nous reste une croix !
>
> ALFRED DE MUSSET. *Stances à la Malibran.* Poésies nouvelles.

A la fois précis et infiniment libre, ce rhythme est très-beau, car il demande au poète un profond sentiment musical et une perpétuelle invention. La strophe de six vers est écrite sur deux rimes, et les six vers sont disposés entre eux au gré du poëte, selon les effets qu'il veut produire, à la seule condition que les trois vers qui riment ensemble ne se suivront pas sans interruption, ce qui ôterait à la strophe tout son imprévu et toute sa variété. Ce sixain est la strophe des poëmes de Byron, moins les deux derniers vers, qui ne tiendraient pas au reste, et dont la suppression est un perfectionnement, — bien que ces deux vers en moins donnent à la strophe une régularité un peu trop carrée. Les deux derniers vers, c'était le grand et suprême coup d'aile, hardi comme un jet de flèche.

Les Vers Libres. J'ai dit que le vers libre est le suprême effort de l'art, contenant amalgamés en lui à l'état voilé, pour ainsi dire latent, tous les rhythmes. On ne l'enseignera à personne, puisqu'il suppose une science approfondie de la versification, un esprit d'enfer et l'oreille la plus délicate, et qu'il ne peut être raisonnablement appliqué, au théâtre ou dans le livre, que par un homme de génie. — Je dois cependant faire observer qu'il y a *trois sortes de vers libres,* auxquelles trois grands poëtes ont attaché leur nom. C'est dans leurs œuvres immortelles qu'il faut étudier ces trois sortes de vers libres, en remarquant le retour des mêmes combinaisons ou de combinaisons analogues pour produire les mêmes effets.

1. Le vers libre de Molière (dans *Amphitryon*) n'admet guère que l'emploi du vers alexandrin, du vers de dix syllabes avec césure après la quatrième syllabe, du vers de huit syllabes et du vers de sept syllabes.

MERCURE.

Que vos Chevaux par vous au petit pas réduits,
Pour satisfaire aux vœux de son Amie amoureuse,
    D'une Nuit si délicieuse
  Fassent la plus longue des Nuits.
  Qu'à ses transports vous donniez plus d'espace ;
  Et retardiez la naissance du jour
    Qui doit avancer le retour
    De celuy, dont il tient la place.

LA NUIT.

  Voilà sans doute un bel Emploi
  Que le grand Jupiter m'apreste :
  Et l'on donne un nom fort honneste
  Au service qu'il veut de moy.

MERCURE.

  Pour une jeune Déesse,
  Vous êtes bien du bon temps !
  Un tel emploi n'est bassesse
  Que chez les petites Gens.
Lorsque dans un haut rang on a l'heur de paroistre,
  Tout ce qu'on fait est toujours bel et bon ;
    Et, suivant ce qu'on peut estre,
    Les choses changent de nom.

MOLIÈRE. *Amphitryon*, Prologue.

II. LE VERS LIBRE de la Fontaine (dans ses *Fables*) admet au contraire des vers de toutes les mesures sans exception, et ses combinaisons, ses ressources, ses inventions spéciales à tel ou tel effet et qui se produisent soudainement pour ne plus reparaître, sont infinies. Regardez, mais n'y touchez pas !

> Ne nous flatons donc point ; voyons sans indulgence
>   L'état de notre conscience.
> Pour moi, satisfaisant mes appétits gloutons ;
>   J'ai dévoré force moutons ;
>   Que m'avoient-ils fait ? nulle offense :
> Même, il m'est arrivé quelquefois de manger
>   Le Berger.
> Je me dévoueray donc, s'il le faut : mais je pense
> Qu'il est bon que chacun s'accuse ainsi que moy :
> Car on doit souhaiter, selon toute justice,
>   Que le plus coupable périsse.
>
> LA FONTAINE. *Les Animaux malades de la peste.* Fables, Livre VII, 1.

III. Si Alfred de Musset n'a pas inventé de disposer capricieusement, et sans règle fixe ou du moins apparente, les vers alexandrins, il s'est du moins si bien approprié ce rhythme qu'il en a fait à jamais sa chose. Ce genre de vers libre se prête aux effets les plus variés et à de magnifiques déploiements de force et de grâce ; mais, s'il faut révéler ici le secret de la comédie, il est bien moins difficile qu'il n'en a l'air, et un simple mortel peut s'aventurer là sans risquer le sort d'Icare. Musset en a fait d'ailleurs un emploi merveilleux. Qui ne se rappelle l'admirable début de *Rolla ?* On croit entendre s'éveiller confusément les harmonieuses voix d'une symphonie :

Regrettez-vous le temps où le ciel sur la terre
Marchait et respirait dans un peuple de Dieux ?
Où Vénus Astarté, fille de l'onde amère,
Secouait, vierge encor, les larmes de sa mère,
Et fécondait le monde en tordant ses cheveux ?
Regrettez-vous le temps où les Nymphes lascives
Ondoyaient au soleil parmi les fleurs des eaux,
Et d'un éclat de rire agaçaient sur les rives
Les Faunes indolents couchés dans les roseaux ?
Où les sources tremblaient des baisers de Narcisse ?
Où, du nord au midi, sur la création
Hercule promenait l'éternelle justice
Sous son manteau sanglant, taillé dans un lion ?

ALFRED DE MUSSET. Rolla. Poésies nouvelles.

L'ODE. — Enseigner à l'écolier le secret de faire une ode, ce serait lui enseigner le moyen d'être un dieu, et c'est un secret qui ne se vend nulle part. Cependant, je ne veux pas ressembler à ces mauvais poètes qui, ayant à décrire un objet, se tirent d'affaire en disant qu'on ne saurait le décrire, ou à ces mauvais artistes qui prétendent que leur besogne est au-dessus des forces humaines. Mais j'ai seulement le dessein de faire comprendre pourquoi, à propos de l'Ode, je me bornerai à donner en quelques lignes deux ou trois conseils pratiques ; car, pour le reste, vous devrez vous adresser à la Muse elle-même !

Dans l'Ode, fuyez comme la peste la forme didactique, le raisonnement et les phrases incidentes. Il ne faut jamais oublier que l'Ode chantée a servi d'accompagnement à la danse extasiée des Nymphes au bord des sources sacrées, et qu'elle a animé la colère des Ménades, frémissantes de l'amour du dieu. Il y faut toujours une sorte de fureur, et le poëte lyrique peut risquer tout, excepté de s'exposer à être confondu avec M. Prud'homme, « professeur d'écriture, élève de Brard et de Saint-Omer, expert assermenté près les cours et tribunaux [1] »

Tout ce que nous avons dit du Vers isolé, en parlant de l'alexandrin, s'applique également à la Strophe d'ode et à l'Ode prise dans son ensemble, car en effet, pour la composition, une Ode doit être traitée comme un vers isolé. Comme lui, elle doit rassembler tous ses effets à l'endroit voyant, c'est-à-dire aux chutes des strophes et à la chute de l'Ode, — et les autres vers ne doivent être que des préparations, des rappels et des résonnances de ces points mélodiques. Aussi tout l'ensemble de l'Ode — *avec ses rimes* — doit-il être imaginé à la fois et vu d'un seul coup d'œil !

1. *Scènes populaires*, par Henri Monnier.

L'Ode est presque toujours composée à la fois de grands et de petits vers. Préparations, explications, phrases accessoires, tout ce qui n'est pas l'éclat de la strophe et le mot destiné à peindre, doit entrer dans le grand vers, pour ne laisser au petit vers que les effets décisifs et les mots splendides, car tout l'artifice du poëte doit aboutir non-seulement à harmoniser le petit vers avec le grand vers, mais en quelque sorte à faire paraître le petit vers plus long que le grand vers :

Ces tronçons déchirés, épars, près d'épuiser
   Leurs forces languissantes,
Se cherchaient, se cherchaient, comme pour un baiser
   Deux bouches frémissantes!

Et comme je rêvais, triste et suppliant Dieu
   Dans ma pitié muette,
La tête aux mille dents rouvrit son œil de feu
   Et me dit : « O poëte!

« Ne plains que toi! ton mal est plus envenimé,
   « Ta plaie est plus cruelle;
« Car ton Albaydé dans la tombe a fermé
   « Ses beaux yeux de gazelle.

« Ce coup de hache aussi brise ton jeune essor.
   « Ta vie et tes pensées
« Autour d'un souvenir, chaste et dernier trésor,
   « Se traînent dispersées.

« Ton génie au vol large, éclatant, gracieux,
 « Qui, mieux que l'hirondelle,
« Tantôt rasait la terre et tantôt dans les cieux
 « Donnait de grands coups d'aile,

« Comme moi maintenant, meurt près des flots troublés,
 « Et ses forces s'éteignent,
« Sans pouvoir réunir ses tronçons mutilés
 « Qui rampent et qui saignent. »
 Victor Hugo, *Les Tronçons du Serpent*. Les Orientales, XXVI

Qui ne voit que, dans tout ce morceau, c'est le petit vers qui décide l'effet et donne au tableau la lumière et les touches magistrales ?

Il faudrait un Homère ou une patience d'ange pour énumérer toutes les strophes d'ode connues, même en ne comptant que celles qui sont solides et belles. On les trouvera toutes dans les œuvres de Malherbe, de Jean-Baptiste Rousseau, de Victor Hugo, — et, quant aux rhythmes délicats et curieusement ouvragés qui sont propres à l'Odelette et à l'Ode légère, dans le second volume des œuvres de Ronsard, qui contient ses Odes. Mais on ne devra commencer à les chercher qu'à partir du Deuxième Livre, car il ne faut tenir aucun compte de l'effort titanique et insensé que le poète avait fait au Premier Livre de ses Odes pour ressusciter l'ode de Pindare, divisée en *Strophes*, *Antistrophes* et *Epodes* [1]. — La grande difficulté qui s'oppose chez nous à ce que les poëtes fassent des Odes Pindariques, c'est que lorsqu'on organise des courses à Chantilly et à Porchefontaine, les Dieux n'y viennent pas, et peut-être même qu'ils ne savent pas les noms du major Fridolin et de M. de Lagrange!

1. Voyez *Odes de Pindare*, traduction nouvelle par J.-F. Boissonade, complétée et publiée par E. Egger, membre de l'Institut, professeur à la Faculté des lettres de Paris. — Grenoble, A. Ravanat, éditeur, place de la Halle, 1; Paris, Hachette.

CHAPITRE IX

LES POËMES TRADITIONNELS A FORME FIXE

J'ai nommé *poëmes traditionnels à forme fixe* ceux pour lesquels la tradition a irrévocablement fixé le nombre de vers qu'ils doivent contenir et l'ordre dans lequel ces vers doivent être disposés. Ce groupe de poëmes est l'un de nos plus précieux trésors, car chacun d'eux forme un tout rhythmique, complet et parfait, et en même temps ils ont la grâce naïve et comme inconsciente des créations qu'ont faites les époques primitives. Je me hâte de les passer en revue et je commence par le Rondel, poëme exquis, dont il faut chercher presque tous les chefs-d'œuvre dans le livre du prince Charles d'Orléans, petit-fils de Charles V, neveu de Charles VI, père de Louis XII, et oncle de François I[er][1].

---

1. Poésies de Charles d'Orléans. Édition de M. Champollion-Figeac, chez J. Belin Leprieur, 15, quai Malaquais. — Édition de M. Charles d'Héricault, chez Alphonse Lemerre.

RONDEL.

Le temps a laissié son manteau
De vent, de froidure et de pluye,
Et s'est vestu de brouderie,
De souleil luisant, cler et beau.

Il n'y a beste ne oyseau [1]
Qu'en [2] son jargon ne chante ou crie :
Le temps a laissié son manteau
De vent, de froidure et de pluye.

Rivière, fontaine et ruisseau
Portent, en livrée [3] jolie,
Gouttes d'argent d'orfaverie.
Chascun s'abille de nouveau,
Le temps a laissié son manteau.

CHARLES D'ORLÉANS. Rondels, XIV. Édition Champollion Figeac ;
LXIII, Édition Charles d'Héricault.

Le Rondel est tout entier écrit sur deux rimes.

Le Rondel peut commencer par un vers masculin ou par un vers féminin.

Je vais expliquer la contexture du Rondel commençant par un vers masculin, et il n'y aura qu'à retourner celui-là pour avoir la contexture du Rondel commençant par un vers féminin.

RONDEL COMMENÇANT PAR UN VERS MASCULIN. — Dans le premier quatrain, les deux rimes mascu-

---

1. Ce vers, comme on le voit, contient deux hiatus : Il n'y a et ne oiseau ; mais le prince Charles d'Orléans écrivait au XVe siècle.
2. Pour qui en.
3. Dans ce vers, l'E muet qui termine le mot livrée compte et fait syllabe. Il faut prononcer : li-vré-E-jo-lie.

lines sont au premier et au quatrième vers. Les deux rimes féminines sont au second et au troisième vers.

Dans le second quatrain, les rimes masculines sont au premier et au troisième vers ; les rimes féminines sont au second et au quatrième vers, — et le troisième et le quatrième vers de ce second quatrain ne sont autres que le premier et le second vers du premier quatrain, ramenés en manière de refrain.

Nous avons ensuite une troisième strophe de cinq vers, composée d'abord d'un quatrain où les rimes masculines sont au premier et au quatrième vers, et où les rimes féminines sont au second et au troisième vers, — puis du vers qui commence le Rondel, ramené une troisième fois.

Dans le Rondel, comme dans le Rondeau, comme dans la Ballade, tout l'art consiste à ce que le refrain soit ramené sans effort, gaiement, naturellement, et chaque fois de façon à former comme un trait nouveau, mettant en lumière un nouvel aspect de la même idée. — Est-il besoin de dire qu'en *concevant* le Rondel qu'on va faire, il faut qu'on ait VU d'avance et pour les deux chutes de strophes, comment et par quelles transitions et à l'aide de quelles rimes le refrain sera amené et ramené. La LOI est partout la même :

où il faut avoir VU tout d'avance, ou on ne fera que de la marqueterie et du placage, c'est-à-dire, en fait de poésie, — rien !

La Ballade. La Ballade peut être écrite en vers de dix syllabes (avec césure après la quatrième syllabe) ou en vers de huit syllabes.

Elle peut commencer par un vers masculin ou par un vers féminin.

Je vais donner pour exemples une Ballade en vers de dix syllabes et une Ballade en vers de huit syllabes, commençant l'une et l'autre par un vers masculin. — On n'aura qu'à les retourner, c'est-à-dire à mettre des rimes féminines où il y a des rimes masculines et *vice versâ*, pour avoir la Ballade en vers de dix syllabes et la Ballade en vers de huit syllabes commençant l'une et l'autre par un vers féminin.

BALLADE EN VERS DE DIX SYLLABES, COMMENÇANT
PAR UN VERS MASCULIN.

A Madame Fouquet.

Comme je vois monseigneur votre époux
Moins de loisir qu'homme qui soit en France,
Au lieu de lui, puis-je payer à vous ?
Seroit-ce assez d'avoir votre quittance ?
Oui, je le crois ; rien ne tient en balance
Sur ce point là mon esprit soucieux.
Je voudrois bien faire un don précieux :

Mais si mes vers ont l'honneur de vous plaire,
Sur ce papier promenez vos beaux yeux.
En puissiez vous dans cent ans autant faire !

Je viens de Vaux, sachant bien que sur tous
Les Muses font en ce lieu résidence ;
Si leur ai dit, en ployant les genoux :
« Mes vers voudroient faire la révérence
A deux soleils de votre connoissance,
Qui sont plus beaux, plus clairs, plus radieux
Que celui-là qui loge dans les cieux ;
Partant, vous faut agir dans cette affaire,
Non par acquit, mais de tout votre mieux.
En puissiez vous dans cent ans autant faire ! »

L'une des neuf m'a dit d'un ton fort doux
(Et c'est Clio, j'en ai quelque croyance) :
« Espérez bien de ses yeux et de nous. »
J'ai cru la Muse ; et sur cette assurance
J'ai fait ces vers, tout rempli d'espérance.
Commandez donc en termes gracieux
Que, sans tarder, d'un soin officieux,
Celui des Ris qu'avez pour secrétaire
M'en expédie un acquit glorieux.
En puissiez vous dans cent ans autant faire !

Envoi.

Reine des cœurs, objet délicieux,
Que suit l'enfant qu'on adore en des lieux
Nommés Paphos, Amathonte et Cythère,
Vous qui charmez les hommes et les Dieux,
En puissiez vous dans cent ans autant faire !

JEAN DE LA FONTAINE. Ballades. II. 1659.

BALLADE EN VERS DE HUIT SYLLABES, COMMENÇANT
PAR UN VERS MASCULIN.

Chant de May et de Vertu.

Voulentiers en ce mois icy
La terre mue et renouvelle.
Maintz amoureux en font ainsi,
Subjectz à faire amour nouvelle
Par légèreté de cervelle,
Ou pour estre ailleurs plus contens;
Ma façon d'aymer n'est pas telle,
Mes amours durent en tout temps.

N'y a si belle dame aussi
De qui la beauté ne chancelle;
Par temps, maladie ou soucy,
Laydeur les tire en sa nasselle;
Mais rien ne peult enlaydir celle
Que servir sans fin je prétens;
Et pource qu'elle est toujours belle,
Mes amours durent en tout temps.

Celle dont je dy tout cecy,
C'est Vertu, la nymphe éternelle,
Qui [1] au mont d'honneur esclercy
Tous les vrays amoureux appelle.
« Venez, amans, venez (dit-elle,)
Venez à moi, je vous attens;
Venez (ce dit la jouvencelle),
Mes amours durent en tout temps.

1. Le lecteur a remarqué ces deux hiatus : au premier vers de la seconde strophe *N'y a* et au troisième vers de la troisième strophe *Qui au*. Clément Marot, né vers 1497, mourut en l'automne de 1544. Or, (je le répète une dernière fois), la règle qui décréta la suppression de l'hiatus ne date réellement que de Ronsard (1524-1585).

Envoy.

Prince, fais amye immortelle,
Et à la bien aymer entens,
Lors pourras dire sans cautelle :
« Mes amours durent en tout temps [1]. »

CLÉMENT MAROT. Chants divers, XII. Édition Pierre Jannet.

Qu'est-ce que la Ballade ? Je puis maintenant l'expliquer en deux mots au lecteur, qui, au chapitre précédent, a appris à connaître le Dizain et le Huitain.

La Ballade en vers de dix syllabes n'est autre chose qu'un poëme formé de trois Dizains écrits sur des rimes pareilles. Après les trois Dizains vient — non une quatrième strophe, mais une *demi-strophe* de cinq vers, appelée *Envoi* et qui est comme la seconde moitié d'un quatrième Dizain qui serait écrit sur des rimes pareilles à celles des trois premiers Dizains.

La Ballade en vers de huit syllabes n'est autre

---

1. Si grands que soient les deux poëtes auxquels j'emprunte mes exemples de Ballades, j'aurais voulu les prendre, non pas chez eux, mais chez François Villon. J'ai craint de créer à l'écolier des difficultés, en lui citant des Ballades où le vieux langage, les rimes parfois pauvres ou étranges au point de vue moderne et les hiatus l'empêcheraient peut-être de voir clairement le dessin du poëme. Mais François Villon fut et reste le roi, l'ouvrier invincible, le maître absolu de la Ballade. (Œuvres complètes de FRANÇOIS VILLON, nouvelle édition, revue, corrigée et mise en ordre avec des notes historiques et littéraires par P. L. Jacob, bibliophile. — Dans la *Bibliothèque Elzévirienne*. Voir aussi l'édition Pierre Jannet, chez Lemerre.)

chose qu'un poëme formé de trois Huitains écrits sur des rimes pareilles. Après les trois Huitains vient — non une quatrième strophe, mais une *demi-strophe* de quatre vers appelée *Envoi* et qui est comme la seconde moitié d'un quatrième Huitain, qui serait écrit sur des rimes pareilles à celles des trois premiers Huitains.

L'*Envoi*, classiquement, doit commencer par le mot : *Prince*, et il peut aussi commencer par les mots : *Princesse, Roi, Reine, Sire;* car, au commencement, les Ballades, comme tout le reste, ont été faites pour les rois[1] et les seigneurs. Il va sans dire que cette règle, même chez Gringore, Villon, Charles d'Orléans et Marot, subit de nombreuses exceptions, car on n'a pas toujours sous la main un prince à qui dédier sa Ballade. Mais, enfin, telle est la tradition. Dans l'*Envoi* qui termine les Ballades, ces mots : *Prince, Princesse, Roi, Reine, Sire,* sont souvent aussi employés symboliquement, pour exprimer une royauté tout idéale ou spirituelle. C'est ainsi qu'on dira : *Prince des cœurs* ou *Reine de beauté*, en s'adressant au dieu Amour ou à quelque dame illustre.

1. En réalité le mot *Roi* commençant l'Envoi de la Ballade désigna d'abord le roi d'un concours poétique; mais un mot ne peut être longtemps détourné de son sens propre, et ce sont là de trop subtiles fictions, avec lesquelles rompt tout de suite le bon sens populaire.

La Double Ballade. La Double Ballade n'est autre chose qu'une Ballade qui renferme six Dizains sur des rimes pareilles ou six Huitains sur des rimes pareilles, au lieu de trois Dizains ou de trois Huitains seulement dont se compose la Ballade ordinaire, — et qui, communément, ne se termine pas par un *Envoi*. Je n'en donne pas d'exemple ici, parce que les Doubles Ballades des poëtes anciens pourraient sembler obscures, et parce que je n'en trouverais pas d'exemples modernes, sinon chez un poëte que je dois être le premier à oublier.

De tous les poëmes français, la Ballade, simple ou double, est celui peut-être qui offre les plus redoutables difficultés, à cause du grand nombre de rimes pareilles, concourant à exprimer les aspects divers d'une pensée ou d'un sentiment uniques, qu'il faut imaginer et voir à la fois. Mais c'est ici l'occasion de révéler un secret de Polichinelle. Pour la composition de la Ballade, il y a un moyen mécanique d'un emploi sûr, avec lequel on peut impunément se passer de tout génie et qui supprime toutes les difficultés. Il consiste simplement à composer en une fois (sans s'inquiéter du reste) la seconde moitié des trois Dizains et l'Envoi, et en une autre fois la première moitié des trois Dizains, — puis à raccorder le tout. Seulement, en employant ce moyen, on est sûr de faire une mauvaise — irrémédiablement mauvaise Ballade!

J'ai à peine besoin de dire en terminant que les poëmes intitulés *Ballades* par Victor Hugo dans ses *Odes et Ballades*, par analogie avec des poëmes appelés *Ballades* dans des pays autres que la France, ne peuvent raisonnablement s'appeler en France des *Ballades*. Car dans une même langue, le même mot ne peut servir à désigner deux genres de poëmes absolument différents l'un de l'autre; et pour le mot *Ballade*, en France, depuis longtemps la place était prise!

Le Sonnet. Le Sonnet demanderait toute une histoire et toute une monographie. Il les a eues d'ailleurs et on les trouvera sans peine. Je n'en dirai, moi, que quelques mots, pour ne pas aborder une question inépuisable.

Le Sonnet peut commencer par un vers féminin ou par un vers masculin.

Le Sonnet peut être écrit en vers de toutes les mesures.

Le Sonnet peut être régulier ou irrégulier. Les formes du Sonnet irrégulier sont innombrables et comportent toutes les combinaisons possibles. Mais, en réalité, il n'y a qu'une seule forme de

Sonnet régulier : c'est celle dont je donne les deux exemples suivants.

SONNET RÉGULIER, EN VERS DE DOUZE SYLLABES, COMMENÇANT PAR UN VERS FÉMININ.

Les Danaïdes.

Toutes, portant l'amphore, une main sur la hanche,
Théano, Callidie, Amymone, Agavé,
Esclaves d'un labeur sans cesse inachevé,
Courent du puits à l'urne où l'eau vaine s'épanche.

Hélas! le grès rugueux meurtrit l'épaule blanche,
Et le bras faible est las du fardeau soulevé :
— « Monstre, que nous avons nuit et jour abreuvé,
« O gouffre, que nous veut ta soif que rien n'étanche? »

Elles tombent, le vide épouvante leurs cœurs ;
Mais la plus jeune alors, moins triste que ses sœurs,
Chante, et leur rend la force et la persévérance.

Tels sont l'œuvre et le sort de nos illusions :
Elles tombent toujours, et la jeune Espérance
Leur dit toujours : « Mes sœurs, si nous recommencions! »

SULLY-PRUDHOMME. *Les Danaïdes*. Poésies, 1866-1872.

SONNET RÉGULIER, EN VERS DE DOUZE SYLLABES, COMMENÇANT PAR UN VERS MASCULIN.

Le Lys.

Hors du coffret de laque aux clous d'argent, parmi
Les fleurs du tapis jaune aux nuances calmées,
Le lourd collier massif qu'agrafent deux camées
Ruisselle et se répand sur la table à demi.

Un oblique rayon l'atteint. L'or a frémi.
L'étincelle s'attache aux perles parsemées,
Et midi darde moins de flèches enflammées
Sur le dos somptueux d'un reptile endormi.

Cette splendeur rayonne et fait pâlir des bagues
Éparses où l'onyx a mis ses reflets vagues,
Et le froid diamant sa claire goutte d'eau;

Et comme dédaigneux du contraste et du groupe,
Plus loin, et sous la pourpre ombreuse du rideau,
Noble et pur, un grand lys se meurt dans une coupe.

FRANÇOIS COPPÉE. Poésies, 1864-1869

Le Sonnet est toujours composé de deux quatrains et de deux tercets.

Dans le Sonnet régulier, — riment ensemble :

1° Le premier, le quatrième vers du premier quatrain ; le premier et le quatrième vers du second quatrain ;

2° Le second, le troisième vers du premier quatrain ; le second et le troisième vers du deuxième quatrain ;

3° Le premier et le second vers du premier tercet ;

4° Le troisième vers du premier tercet et le second vers du deuxième tercet ;

5° Le premier et le troisième vers du deuxième tercet.

Si l'on introduit dans cet arrangement une modification quelconque,

Si l'on écrit les deux quatrains sur des rimes différentes,

Si l'on commence par les deux tercets, pour finir par les deux quatrains,

Si l'on croise les rimes des quatrains,

Si l'on fait rimer le troisième vers du premier tercet avec le troisième vers du deuxième tercet, — ou encore le premier vers du premier tercet avec le premier vers du deuxième tercet,

Si enfin on s'écarte, pour si peu que ce soit, du type classique dont nous avons donné deux exemples,

Le Sonnet est irrégulier.

Il faut toujours préférer le Sonnet régulier au Sonnet irrégulier, à moins qu'on ne veuille produire un effet spécial ; mais encore dans ce cas, la Règle est une chaîne salutaire qu'il faut bénir ! Ceci n'est pas, comme on pourrait le croire, en contradiction avec ce que j'ai écrit plus haut à propos de l'Hiatus. Car autant le vers exempt de liens et de règles permet au poëte d'affirmer sa force, autant le lui permet aussi l'entrave d'une forme fixe de poëme. En pouvant à son gré varier et modifier le vers, il se montre créateur infatigable ; mais il fait admirer sa souplesse et son habileté d'artiste en s'enfermant sans effort dans un cadre connu et défini.

Toutefois le Sonnet irrégulier a produit des chefs-d'œuvre, et on peut le voir en lisant le plus romantique et le plus moderne de tous les livres de ce temps, — le merveilleux livre intitulé *Les Fleurs du Mal*. J'en détache deux Sonnets irréguliers, où l'on sentira la flamme et le souffle du génie. Mais n'est-il pas étrange que le grand poëte Charles Baudelaire ait fait un Sonnet irrégulier, précisément pour affirmer la divine beauté de la Règle?

SONNET — IRRÉGULIER, PARCE QUE LES RIMES DES QUATRAINS SONT CROISÉES, PARCE QUE LES DEUX QUATRAINS SONT ÉCRITS SUR DES RIMES DIFFÉRENTES, ET PARCE QUE LE DERNIER VERS DU PREMIER TERCET RIME AVEC LE DERNIER VERS DU DEUXIÈME TERCET.

Le Rebelle.

Un Ange furieux fond du ciel comme un aigle,
Du mécréant saisit à plein poing les cheveux,
Et dit, le secouant : « Tu connaîtras la règle!
(Car je suis ton bon Ange, entends-tu?) Je le veux!

Sache qu'il faut aimer, sans faire la grimace,
Le pauvre, le méchant, le tortu, l'hébété,
Pour que tu puisses faire à Jésus, quand il passe,
Un tapis triomphal avec ta charité.

Tel est l'Amour! Avant que ton cœur ne se blase,
A la gloire de Dieu rallume ton extase;
C'est la Volupté vraie aux durables appas! »

Et l'Ange, châtiant autant, ma foi ! qu'il aime,
De ses poings de géant torture l'anathème ;
Mais le damné répond toujours : « Je ne veux pas ! »
        CHARLES BAUDELAIRE. Les Fleurs du Mal. *Spleen et Idéal*, XCV.

SONNET — IRRÉGULIER, PARCE QUE, BIEN QUE LES QUATRAINS SOIENT ÉCRITS SUR DES RIMES PAREILLES, LA DISPOSITION EN EST CONTRARIÉE, — LE PREMIER QUATRAIN AYANT SES RIMES MASCULINES AU PREMIER ET AU QUATRIÈME VERS, TANDIS QUE LE SECOND QUATRAIN A SES RIMES MASCULINES AU SECOND ET AU TROISIÈME VERS.

Je te donne ces vers afin que si mon nom
Aborde heureusement aux époques lointaines,
Et fait rêver un soir les cervelles humaines,
Vaisseau favorisé par un grand aquilon,

Ta mémoire, pareille aux fables incertaines,
Fatigue le lecteur ainsi qu'un tympanon,
Et par un fraternel et mystique chaînon
Reste comme pendue à mes rimes hautaines ;

Être maudit à qui, de l'abîme profond
Jusqu'au plus haut du ciel, rien, hors moi, ne répond !
O toi qui, comme une ombre à la trace éphémère,

Foules d'un pied léger et d'un regard serein
Les stupides mortels qui t'ont jugée amère,
Statue aux yeux de jais, grand ange au front d'airain !
        CHARLES BAUDELAIRE. Les Fleurs du Mal. *Spleen et Idéal*, XL.

A propos du Sonnet, méditer avec grand soin les observations suivantes :

1° La forme du Sonnet est magnifique, prodigieusement belle, — et cependant infirme en quelque sorte ; car les tercets, qui à eux deux forment six vers, étant d'une part *physiquement* plus courts que les quatrains, qui à eux deux forment huit vers, — et d'autre part *semblant* infiniment plus courts que les quatrains, — à cause de ce qu'il y a d'allègre et de rapide dans le tercet et de pompeux et de lent dans le quatrain; — le Sonnet ressemble à une figure dont le buste serait trop long et dont les jambes seraient trop grêles et trop courtes. Je dis *ressemble*, et je vais au-delà de ma pensée. Il faut dire que le Sonnet *ressemblerait* à une telle figure, si l'artifice du poëte n'y mettait bon ordre.

Quel doit être cet artifice?

Assurément, il ne peut consister à amoindrir les quatrains et à leur donner l'aspect d'un corps atrophié, car il ne faut jamais sous aucun prétexte et pour atteindre n'importe quel but, faire des vers mesquins. L'artifice doit donc consister à grandir les tercets, à leur donner de la pompe, de l'ampleur, de la force et de la magnificence. J'ai dit plus haut comment le poëte doit s'y prendre en pareil cas, — s'étant débarrassé d'abord des explications, des incidences, et ne gardant que les grands mots sonores, descriptifs et qui portent coup. Mais ici il s'agit d'exécuter ce grandissement sans rien ôter aux tercets de leur légèreté et de leur rapidité essentielles. Ceux-là me comprendront qui ont admiré comment les Coustou et les Coysevox équilibrent toute une figure avec un morceau de draperie et presque avec un ruban désespérément envolé !

2° Le dernier vers du Sonnet doit contenir un trait — exquis, ou surprenant, ou excitant l'admiration par sa justesse et par sa force.

Lamartine disait qu'il doit suffire de lire le dernier vers d'un Sonnet ; car, ajoutait-il, un Sonnet n'existe pas si la pensée n'en est pas violemment et ingénieusement résumée dans le dernier vers.

Le poëte des *Harmonies* partait d'une prémisse très-juste ; mais il en tirait une conclusion absolument fausse.

Oui, le dernier vers du Sonnet doit contenir la pensée du Sonnet tout entière. — Non, il n'est pas vrai qu'à cause de cela il soit superflu de lire les treize premiers vers du Sonnet. Car dans toute œuvre d'art, ce qui intéresse c'est l'adresse de l'ouvrier, et il est on ne peut plus intéressant de voir :

Comment il a développé d'abord la pensée qu'il devait résumer ensuite,

Et comment il a amené ce trait extraordinaire du quatorzième vers — qui cesserait d'être extraordinaire s'il avait poussé comme un champignon.

Ce qu'il y a de vraiment surprenant dans le Sonnet, c'est que le même travail doit être fait deux fois, d'abord dans les quatrains, ensuite dans les tercets, — et que cependant les tercets doivent non pas répéter les quatrains mais les éclairer, comme une herse qu'on allume montre dans un décor de théâtre un effet qu'on n'y avait pas vu auparavant.

Enfin, un Sonnet doit ressembler à une comédie bien faite, en ceci que chaque mot des quatrains doit faire deviner — dans une certaine mesure — le trait final, et que cependant ce trait final *doit surprendre* le lecteur, — non par la pensée qu'il exprime et que le lecteur a devinée, — mais par la beauté, la hardiesse et le bonheur de l'expression. C'est ainsi qu'au théâtre un beau dénouement emporte le succès, non parce que le spectateur ne l'a pas prévu, — il faut qu'il l'ait prévu, — mais parce que le poëte a revêtu ce dénouement d'une forme plus étrange et plus saisissante que ce qu'on pouvait imaginer d'avance.

3° Je répète ici ce que j'ai dit pour la Ballade. Il y a un procédé méprisable avec lequel on peut faire, en éludant toutes les difficultés et sans aucune peine, *quelque chose qui a l'air d'être un Sonnet*. Ce procédé consiste à commencer le Sonnet par le dernier vers et à remonter de la fin au commencement. Je n'insiste pas, ayant dit et répété à satiété que la forme de tout poëme, avec ses détails et ses rimes, doit avoir été trouvée d'un coup par le poëte, — qui, sans cela, n'est pas poëte.

Sans même tenter d'expliquer, à la façon des mythographes, pourquoi Victor Hugo n'a publié aucun Sonnet jusqu'à cette heure [1] (1871), je me suis attardé sur le Sonnet qui en vaut bien la peine, et je parlerai très-rapidement des autres poëmes à forme fixe, car je dois me souvenir que j'écris un manuel d'écolier et non un livre de critique.

Le Rondeau. Boileau a décrit le Rondeau avec la plus excessive, sinon avec la plus heureuse concision, en disant, *Art Poétique,* chant deuxième

  Le Rondeau, né gaulois, a la naïveté.

Ce qui prouve qu'en vers il faut se défier de la troisième personne, trop commode à placer, de l'indicatif présent du verbe *avoir*. Le Rondeau n'*a* pas que la naïveté; *il a* encore la légèreté, la rapidité, la grâce, la caresse, l'ironie, et un vieux parfum de terroir fait pour charmer ceux qui aiment notre poésie (et en elle la patrie) à tous les

---

[1]. Depuis la première publication de cet opuscule, il en a écrit un pour Madame Judith Gautier : *Ave, dea, moriturus te salutat.* Le Livre des Sonnets, chez Alphonse Lemerre, 1874.

âges qu'elle a traversés. Le grand, l'unique maître du Rondeau est Voiture, qui se l'est approprié pour jamais; et qui donc eût fait les Rondeaux les plus charmants du monde, si ce n'est celui qui avait le droit de les faire pour Mesdemoiselles de Bourbon, de Rambouillet, de Bouteville, de Brienne et du Vigean, et que remerciaient toutes ces lèvres de rose en fleur!

Voici trois Rondeaux de Voiture. J'expliquerai, après les avoir cités, pourquoi je les ai choisis.

RONDEAU EN VERS DE DIX SYLLABES, COMMENÇANT PAR UN VERS MASCULIN.

Je ne sçaurois faire cas d'un Amant,
Qu'autre que moy gouverne absolument;
Car chacun sçait que j'aime trop l'empire.
Ce n'est ainsi qu'il me faloit escrire,
Vous n'y sçavez que le haut Allemand.

Je veux qu'on soit à moy parfaitement :
Et quand je fais quelque commandement,
Je n'entends pas que l'on me vienne dire :
  Je ne sçaurois.

Je vous rendray le même compliment :
Et quelque jour quand voudrez longuement
Veiller icy, je vous diray sans rire :
Ma mère entend que chacun se retire.
Ne pensez pas m'arrester un moment,
  Je ne sçaurois.

RONDEAU EN VERS DE HUIT SYLLABES, COMMENÇANT PAR UN VERS FÉMININ.

L'Amour, qui de tous sens me prive,
Fit ma raison vostre captive ;
Quand un soupçon pris par mal-heur,
Me combla l'esprit de douleur
Et d'une tristesse excessive :

Une humeur jalouse et craintive
Se mit dans vostre âme plaintive,
Et pensa chasser de mon cœur
   L'Amour.

Mais si jamais cela m'arrive :
Je consens que l'on me poursuive
Par toute sorte de rigueur.
Je ne veux plus vivre en langueur.
Meure la jalousie, et vive
   L'Amour.

RONDEAU EN VERS DE HUIT SYLLABES, COMMENÇANT PAR UN VERS FÉMININ (COMME LE PRÉCÉDENT).

Penser, que pour ne vous déplaire,
Je me veuille jamais distraire
D'un dessein, où j'ay tant de droit :
C'est être injuste en mon endroit,
Et de plus, un peu téméraire.

Philis depuis deux ans m'éclaire ;
Elle est mon Ange tutélaire ;
Je l'aime plus qu'on ne sçauroit [1]
   Penser.

---

1. Il faut prononcer le mot *sçauroit* de façon à ce qu'il rime avec *droit* et *endroit*, c'est-à-dire comme on le prononçait en effet au dix-septième siècle.

> Je vous demande en cette affaire,
> Pardon de vous être contraire.
> Un autre s'en contenteroit [1].
> Cependant vous faites le froid.
> Ma foy, c'est trop : allez vous faire
>   Panser.
>
> Les Œuvres de Monsieur de Voiture. (1677).

Le Rondeau peut être écrit en vers de dix syllabes avec césure à la quatrième syllabe, ou en vers de huit syllabes.

Il peut commencer par un vers masculin ou par une vers féminin.

Il est écrit sur deux rimes.

Il contient, dans son ensemble, treize vers, et se compose :

1° De trois strophes, dont la première et la troisième ont chacune cinq vers, et dont la seconde a trois vers ;

2° D'un REFRAIN, que constituent le premier mot ou les premiers mots du premier vers, et qui s'ajoute — sans que ses syllabes finales riment avec rien — au bout de la seconde strophe et au bout de la troisième strophe.

Peu importe que ce Refrain se termine par un son masculin ou par un son féminin, et on n'a nullement à s'en inquiéter.

---

1. Même observation qu'à la note précédente. Il faut prononcer le mot *contenteroit* comme il est écrit.

Le Refrain ne compte pas dans le nombre des vers, et en effet il n'est pas un vers. Il est plus et moins qu'un vers, car il joue dans l'ensemble du Rondeau le rôle capital.

Il en est à la fois le sujet, la raison d'être et le moyen d'expression. Car ce n'est que pour répéter trois fois ce mot persuasif ou cruel, ce n'est que pour lancer au même but l'une après l'autre ces trois pointes d'acier qu'on les ajuste au bout des strophes, qui sont à la fois le bois léger et les plumes aériennes du trio de flèches que représente le Rondeau.

Mais qui fait de ces trois flèches un tout, un trio ? C'est que tour à tour elles viennent frapper à la même place et s'enfoncer dans la même blessure.

Pour faire venir et bien venir le Refrain, pour qu'il apparaisse trois fois avec un aspect différent et dans une lumière nouvelle, tous les moyens sont légitimes (pourvu que l'effort soit ingénieusement dissimulé, car toute difficulté vaincue devient pour le poëte le contraire d'un mérite, pour si peu qu'on sente ou qu'on aperçoive la trace de l'outil!) et on a le droit de se permettre même... le calembour! partout ailleurs justement exécré. J'aurais pu trouver trois rondeaux de Voiture plus variés de ton et de rhythme que ceux que j'ai cités : mais j'ai choisi ceux-là parce qu'ils enseignent bien comment le Refrain peut être varié si diversement, soit par la pensée qui se transforme, soit par le tour de la phrase qui se renouvelle, soit même par une audacieuse équivoque de mots. En somme dans le Rondeau, le Refrain doit ressembler à un de ces clowns dont les bonds effrénés déconcertent les prévisions instinctives de notre regard, et qui nous apparaissent cassés en zig-zag comme des éclats de foudre, au moment où nous nous attendons à les voir frétillants dans le sable comme des couleuvres, ou furieusement lancés en l'air comme des oiseaux. Mais le dernier mot du secret appartient à Voiture, qui, bien consulté, dira tout!

LE RONDEAU REDOUBLÉ. Empruntons un exemple de Rondeau Redoublé au plus *inconnu* de nos poëtes, car combien existe-t-il de citoyens français qui puissent se vanter d'avoir lu les œuvres complètes de Jean de la Fontaine, et qui, pour sauver leur vie, seraient en état de réciter dix vers d'un des poëmes intitulés *Le Quinquina* et *La Captivité de Saint Malc?*

RONDEAU REDOUBLÉ.

Qu'un vain scrupule à ma flamme s'oppose,
Je ne le puis souffrir aucunement,
Bien que chacun en murmure et nous glose;
Et c'est assez pour perdre votre amant.

Si j'avois bruit de mauvais garnement,
Vous me pourriez bannir à juste cause;
Ne l'ayant point, c'est sans nul fondement
Qu'un vain scrupule à ma flamme s'oppose.

Que vous m'aimiez c'est pour moi lettre close;
Voire on diroit que quelque changement
A m'alléguer ces raisons vous dispose :
Je ne le puis souffrir aucunement.

Bien moins pourrois vous cacher mon tourment,
N'ayant pas mis au contract cette clause;
Toujours ferai l'amour ouvertement,
Bien que chacun en murmure et nous glose.

Ainsi s'aimer est plus doux qu'eau de rose;
Souffrez-le donc, Phyllis; car autrement,
Loin de vos yeux je vais faire une pose;
Et c'est assez pour perdre votre amant.

Pourriez-vous voir ce triste éloignement?
De vos faveurs doublez plutôt la dose.
Amour ne veut tant de raisonnement :
Ce point d'honneur, ma foi, n'est autre chose
  Qu'un vain scrupule.

LA FONTAINE. *Ballades et Rondeaux*. Œuvres complètes.
Édition Charles Lahure, 1861. Chez Hachette.

Si l'on ne savait ou ne devinait que le mot *Rondeau* a servi originairement à désigner plusieurs poëmes du même genre que celui qui a retenu définitivement ce nom, on aurait peine à comprendre l'appellation de *Rondeau Redoublé*, car le poëme qui se nomme ainsi et dont nous venons de voir un exemple parfait, n'est pas du tout le redoublement du Rondeau tel que nous le connaissons.

Le Rondeau Redoublé est écrit sur deux rimes.

Il se compose de six quatrains à rimes croisées, commençant alternativement par un vers féminin et par un vers masculin, ou *vice versâ*.

Le premier quatrain forme LE MOTIF des deuxième, troisième, quatrième et cinquième quatrains, — en ce sens que :

Le premier vers du premier quatrain reparaît comme dernier vers du deuxième quatrain ;

Le second vers du premier quatrain reparaît comme dernier vers du troisième quatrain ;

Le troisième vers du premier quatrain reparaît comme dernier vers du quatrième quatrain ;

Et que le quatrième vers du premier quatrain reparaît comme dernier vers du cinquième quatrain.

Puis, au bout du sixième quatrain s'ajoutent comme *Refrain* — sans que les syllabes finales de ce Refrain riment avec rien, — les premiers mots du premier vers du Rondeau Redoublé.

Le grand art est que le Refrain final et que les vers du premier quatrain, — ramenés comme chute des quatrains suivants, — le soient sans effort, sans contournement, non comme une vaine apposition, mais dans une phrase dont ils fassent aisément et rigoureusement partie. — J'insiste ici pour la dernière fois sur cette nécessité de bien attacher le vers-refrain, nécessité qui est la même pour tous les poëmes dans lesquels il joue son charmant rôle de rappel de couleur et d'harmonieux écho.

LE TRIOLET. Voici trois Triolets, que je détache d'un poème écrit en Triolets agiles et gracieux, *Les Prunes :*

> De tous côtés, d'ici, de là,
> Les oiseaux chantaient dans les branches,
> En si bémol, en ut, en la,
> De tous côtés, d'ici, de là.
> Les prés en habit de gala
> Étaient pleins de fleurettes blanches.
> De tous côtés, d'ici, de là,
> Les oiseaux chantaient dans les branches.
>
> Fraîche sous son petit bonnet,
> Belle à ravir, et point coquette,
> Ma cousine se démenait,
> Fraîche sous son petit bonnet.
> Elle sautait, allait, venait,
> Comme un volant sur la raquette :
> Fraîche sous son petit bonnet,
> Belle à ravir, et point coquette.
>
> Arrivée au fond du verger,
> Ma cousine logne les prunes ;

Et la gourmande en veut manger,
Arrivée au fond du verger.
L'arbre est bas; sans se déranger
Elle en fait tomber quelques-unes.
Arrivée au fond du verger,
Ma cousine lorgne les prunes.

ALPHONSE DAUDET. *Les Prunes*. Les Amoureuses.

Le Triolet est une des conquêtes de notre temps, qui non-seulement l'a renouvelé et se l'est assimilé, mais qui lui a donné un mouvement, une force comique et un éclat qu'il n'avait jamais eu autrefois.

Écrit sur deux rimes, il se compose de huit vers, et commence le plus habituellement par un vers masculin.

Prenons, pour être clair, la combinaison où il commence par un vers masculin. Dans ce cas, le premier vers, le troisième vers et le cinquième vers (masculins) riment ensemble, d'une part; — et d'autre part, le second vers et le sixième vers (féminins) riment ensemble. — Puis le premier vers (masculin) reparaît — comme Refrain — de façon à former le quatrième vers; et le même premier vers (masculin) suivi du second vers (féminin) reparaissent — comme Refrain — de façon à former le septième et le huitième vers.

Petit poëme bon pour la satire et l'épigramme et qui mord au vif, faisant une blessure nette et précise.

LA VILLANELLE. Si la muse Érato possède quelque part un petit Dunkerke (au XIXe siècle, tout est possible!), la Villanelle est le plus ravissant de ses bijoux d'étagère. En voici une, tortillée de main de maître, et dont l'auteur a été un des poëtes les plus organisés et les plus érudits de notre époque. Hélas! il n'a laissé que des prémisses, et des témoins irrécusables de son génie!

LA MARQUISE AURORE.

Villanelle.

Près de Marie-Antoinette,
Dans le petit Trianon,
Fûtes-vous pas bergerette?

Vous a-t-on conté fleurette
Aux bords du nouveau Lignon,
Près de Marie-Antoinette?

Des fleurs sur votre houlette,
Un surnom sur votre nom,
Fûtes-vous pas bergerette?

Étiez-vous noble soubrette,
Comme Iris avec Junon,
Près de Marie-Antoinette?

Pour déniaiser Ninette,
Pour idylliser Ninon,
Fûtes-vous pas bergerette?

Au pauvre comme au poëte,
Avez-vous jamais dit : Non,
Près de Marie-Antoinette?

O marquise sans aigrette,
Sans diamants, sans linon,
Fûtes-vous pas bergerette ?

Ah ! votre simple cornette
Aurait converti Zénon !
Près de Marie-Antoinette,
Fûtes-vous pas bergerette ?

Philoxène Boyer, Les Deux Saisons[1].

La Villanelle est divisée en tercets. Elle commence par un vers féminin.

Il ne paraît pas qu'elle comporte un nombre fixe de tercets.

Elle est écrite sur deux rimes : l'une, masculine, qui régit le second vers de tous les tercets ; l'autre, féminine, qui régit les autres vers.

Le premier et le troisième vers du premier tercet reparaissent tour à tour — comme Refrains — pendant tout le cours du poème, et deviennent alternativement le dernier vers de chaque tercet, de sorte que :

Le premier vers du premier tercet devient le troisième vers du deuxième tercet ;

Le troisième vers du premier tercet devient le troisième vers du troisième tercet ;

Le premier vers du premier tercet devient le troisième vers du quatrième tercet ;

---

1. Chez Alphonse Lemerre, 1867.

Le troisième vers du premier tercet devient le troisième vers du cinquième tercet;

Le premier vers du premier tercet devient le troisième vers du sixième tercet;

Et ainsi de suite.

Enfin la Villanelle se termine par un quatrain ainsi composé : 1° un vers féminin; 2° un vers masculin; puis le premier et le troisième vers du premier tercet, devenant le troisième et le quatrième vers de ce quatrain final. — Et rien n'est plus chatoyant que ce petit poëme. On dirait une tresse formée de fils d'argent et d'or, que traverse un troisième fil couleur de rose!

Le Lai. — On n'a plus guère sous la main d'autre exemple du Lai que celui dont le Père Mourgues donne quelques vers et que citent après lui tous les Traités de Poésie. (*Traité de la Poésie Française, par le Père Mourgues, jésuite*. Nouvelle édition, revue, corrigée et augmentée, avec plusieurs observations sur chaque espèce de poésie A Paris, chez Joseph Barbou, rue Saint-Jacques, près la fontaine Saint-Benoît, Aux Cigognes.) Il faut même s'en rapporter à lui sur la transformation du *Lai* en *Virelai*, et sur la transformation nouvelle que subit plus tard le Virelai lui-même. Voici le Lai (ou les quelques vers d'un Lai) que cit cle Père Mourgues.

LAI

Sur l'appui du Monde
Que faut-il qu'on fonde
D'espoir ?
Cette mer profonde
En débris féconde,
Fait voir
Calme au matin l'onde ;
Et l'orage y gronde
Le Soir.

C'est une suite de vers féminins de cinq syllabes écrits sur une même rime et séparés de deux en deux par des vers masculins de deux syllabes écrits sur une rime également invariable.

Le Virelai. — On imagina plus tard, nous apprend le Père Mourgues, de faire tourner ou *virer* la Rime, c'est-à-dire qu'après avoir procédé comme je viens de l'indiquer, on continuait ensuite le Lai, qui alors devenait Virelai, en prenant la rime qui avait servi au petit vers pour en faire dans la seconde partie du Lai la rime du grand vers (*virement*, d'où est venu le nom de *Virelay*); et le nombre des vers qu'on ajoutait à partir de ce virement de rime devait être égal au nombre de vers qui l'avait précédé.

Ainsi, pour faire du Lai précédemment cité un Virelai, il faudrait prendre la rime du petit vers, et dans un morceau égal en longueur à celui que nous venons de citer, en faire la rime du grand vers, en introduisant pour le petit vers une rime nouvelle. Faisant ce travail deux fois de suite, nous pourrions de la sorte transformer ainsi qu'il suit, en *Virelai Ancien*, le Lai cité par le **Père Mourgues**.

VIRELAI ANCIEN, D'APRÈS L'EXPLICATION DU PÈRE MOURGUES.

Sur l'appui du Monde
Que faut-il qu'on fonde
D'espoir?
Cette mer profonde,
En débris féconde,
Fait voir
Calme au matin l'onde;
Et l'orage y gronde
Le Soir.

Le Destin fait choir,
Homme, ton pouvoir
Funeste
Et ton vain savoir!
Mais, comme un espoir
Céleste
Sous le lourd ciel noir,
C'est le seul Devoir
Qui reste.

Dans un site agreste
Suis sa loi modeste!
Les yeux

> Vers l'azur céleste,
> La vie et le geste
> Joyeux :
> Clarté manifeste,
> Le Devoir atteste
> Les cieux.

A propos de ces deux poèmes, le Lai et le Virelai Ancien, il faut consigner ici une observation qui a son importance, quoiqu'elle soit uniquement calligraphique ou typographique. C'est qu'en copiant ou en imprimant le Lai ou le Virelai Ancien, on place le petit vers, non sous le milieu du grand vers comme dans les vers de strophes d'ode, mais exactement sous le grand, de façon à ce que la première lettre de l'un soit placée sous la première lettre de l'autre. Et c'est ce qui a fait que, dans l'origine, on a nommé le Lai *Arbre fourchu*, parce que le Lai copié ou imprimé a en effet quelque chose de l'aspect d'un arbre fourchu dont les branches nues, attachées au tronc, s'étendent dans le vide.

Le Virelai Nouveau (*relativement* nouveau, bien entendu), que nous fait connaître aussi le Père Mourgues, n'a nul rapport avec le Virelai Ancien. Mais avant d'expliquer en quoi il consiste, citons d'abord, toujours d'après lui, notre exemple, ou plutôt son exemple, qui d'ailleurs est un complet petit chef-d'œuvre.

LE RIMEUR REBUTÉ.

Virelai (Nouveau).

Adieu vous dy, triste Lyre,
C'est trop apprêter à rire.

De tous les Métiers le pire,
Et celui qu'il faut élire
Pour mourir de male-faim,
C'est à point celui d'écrire.
Adieu vous dy, triste Lyre.

J'avois vu dans la Satyre
Pelletier cherchant son pain :
Cela me devoit suffire.
M'y voilà, s'il faut le dire ;
Faquin et double Faquin,
(Que de bon cœur j'en soupire) !
J'ai voulu part au Pasquin.
C'est trop apprêter à rire.

Tournons ailleurs notre mire,
Et prenons plutôt en main
Une rame de Navire.
Adieu vous dy, triste Lyre.

Je veux que quelqu'un désire,
Voire brûle de nous lire ;
Qu'on nous dore en maroquin ;
Qu'on grave sur le Porphyre
Notre nom, ou sur l'Airain,
Que sur l'aile de Zéphire
Il vole en climat lointain.
Ce maigre loz où j'aspire
Remplit-il ma tire-lire ?
En ai-je mieux de quoi frire ?

S'habille-t-on de vélin ?
Hélas ! ma chevance expire ;
Soucis vont me déconfire ;
J'en suis plus jaune que cire.
Par un si falot martyre
C'est trop apprêter à rire.

Et puis, pour un qui m'admire,
Maint autre et maint me déchire,
Contre mon renom conspire,
Veut la Rime m'interdire :
Tel cherche un bon Médecin,
(S'il en trouve il sera fin)
Pour me guérir du délire,
Et, comme à cerveau mal-sain,
L'ellébore me prescrire.
Je ne suis ni le plus vain,
Ni le plus sot Écrivain.
Si sçai-je bien pour certain
Qu'aisément s'enflamme l'ire
Dans le Littéraire empire.
Despréaux encor respire,
Toujours franc, toujours mutin.
Adieu vous dy, triste Lyre.

Jouter avec ce beau Sire
Seroit pour moi petit gain ;
Sans bruit mes guestres je tire.
C'est trop apprêter à rire ;
Adieu vous dy, triste Lyre.

Le Virelai (Nouveau) est tout entier écrit sur deux rimes.

Il commence par deux vers qui sont destinés à

revenir alternativement et plusieurs fois comme Refrains, le premier vers d'abord, le second vers ensuite, — pendant tout le cours du poëme.

Les vers du Virelai (Nouveau) ne sont pas coupés par strophes régulières, ni disposés dans un ordre fixe. Ils s'entremêlent au gré du poëte, comme des vers libres, et l'alinéa finit chaque fois que le poëte les coupe en faisant revenir un des deux *vers refrains,* qui toujours doit paraître adroitement et agilement lancé, comme un trait.

Les mêmes deux *vers refrains* terminent le poëme, dont ils forment les deux derniers vers, comme ils en ont été les deux premiers vers, — mais, cette fois, inversés; c'est-à-dire que le *vers refrain* qui a été le second vers du poëme en devient l'avant-dernier, et que l'autre *vers refrain,* qui a été le premier vers du poëme, en devient le dernier.

Le Chant Royal. — Le Chant Royal est un très-beau poëme, excellent parmi ceux que nous a légués la vieille muse française, mais qui n'a guère pu survivre, car il doit non-seulement être adressé à un Dieu, à un Roi ou à un Prince, mais ne célébrer que des mystères divins, ou bien que les splendeurs et les exploits d'un héros de race royale. Même au temps du Roi-Soleil, la Fontaine, qui s'appliquait à perpétuer et à renouveler les poëmes marotiques, n'a plus trouvé les Rois et les Dieux assez vivants pour qu'il fût possible de ressusciter celui-là : que dirons-nous donc aujourd'hui!

Voici un des plus beaux Chants Royaux de Marot, qui en a composé plusieurs, de tout point admirables :

CHANT ROYAL, CHRESTIEN.

Qui ayme Dieu, son règne et son empire,
Rien désirer ne doibt qu'à son honneur :
Et toutesfois l'homme tousiours aspire
A son bien propre, à son aise, et bon heur,
Sans adviser si point contemne ou blesse
En ses désirs la divine noblesse.
La plus grand'part appete grand avoir :
La moindre part souhaite grand sçavoir;
L'autre désire être exempte de blasme,
Et l'autre quiert (voulant mieulx se pourvoir)
Santé [1] au corps et Paradis à l'âme.

Ces deux souhaitz contraires on peult dire
Comme la blanche et la noire couleur;
Car Jesuchrist ne promet par son dire
Ça bas aux siens qu'ennuy, peine et douleur.
Et d'autre part (respondez moy) qui est-ce
Qui sans mourir aux Cieulx aura liesse?
Nul pour certain. Or fault-il concevoir
Que mort ne peult si bien nous decevoir

---

1. Il y a ici un hiatus. Le règne de Ronsard et de la Pléiade n'est pas venu encore.

Que de douleur ne sentions quelque dragme [1].
Par ainsi semble impossible d'avoir
Santé au corps et Paradis à l'âme.

Doulce santé mainte amertume attire,
Et peine au corps est à l'âme douleeur.
Les bienheureux qui ont souffert martyre
De ce nous font tesmoignage tout seur.
Et si l'homme est quelque temps sans destresse,
Sa propre cher sera de luy maistresse,
Et destruira son âme (à dire voir)
Si quelque ennuy ne vient ramentevoir
Le povre humain d'invoquer Dieu, qui l'ame,
En luy disant : Homme, penses-tu veoir
Santé au corps et Paradis à l'âme?

O doncques, Homme en qui santé empire,
Croy que ton mal d'un plus grand est vainqueur;
Si tu sentois de tous les maux le pire,
Tu sentirois Enfer dedans ton cueur.
Mais Dieu tout bon sentir (sans plus) te laisse

---

[1]. Il ne serait pas possible aujourd'hui de faire rimer DRAGME avec AME. Au temps de Marot, (comme aujourd'hui dans les chansons populaires), on se contentait souvent, à la fin des vers féminins, de la *Rime assonante* que M. F. Génin définit ainsi dans son Introduction placée en tête de *La Chanson de Roland* : « La rime est assonante, c'est-à-dire fondée sur la parité des voyelles; on ne tient nul compte des consonnes. » Si dans ce Petit Traité, nous n'avons pas étudié l'Assonance, qui cependant a joué un grand rôle dans la poésie primitive, c'est qu'elle n'est nullement employée par la poésie actuelle, si ce n'est dans l'intérieur des vers et pour produire des effets d'un ordre musical trop sublime et trop subtil pour qu'il soit possible d'en résumer le principe en des règles d'école. Pour être édifiés sur l'Assonance, voyez l'Introduction à *La Chanson de Roland*, Chapitre VIII.

Tes petis maulx, sachant que ta foiblesse
Ne pouvant pas ton grand mal percevoir
Et que aussi tost que de l'appercevoir
Tu périroys comme paille en la flamme,
Sans nul espoir de jamais recevoir
Santé au corps et Paradis à l'âme.

Certes plutost un bon père desire
Son filz blessé que meurdrier [1], ou jureur :
Mesmes de verge il le blesse, et descire,
Affin qu'il n'entre en si lourde fureur.
Aussi quand Dieu, père céleste, oppresse
Ses chers enfans, sa grand'bonté expresse
Faict lors sur eulx eau de grâce pleuvoir ;
Car telle peine à leur bien veult prévoir
A ce qu'enfer en fin ne les enflamme,
Leur réservant (oultre l'humain devoir)
Santé au corps et Paradis à l'âme.

ENVOI.

Prince Royal, quand Dieu par son povoir
Fera les Cieulx et la Terre mouvoir,
Et que les corps sortiront de la lame,
Nous aurons lors ce bien, c'est à sçavoir,
Santé au corps et Paradis à l'âme.

CLÉMENT MAROT, *Chants divers*, VII. Œuvres complètes
Édition Pierre Jannet, chez Lemerre.

Le Chant Royal se compose de cinq strophes de onze vers chacune, et d'un Envoi.

Toutes les strophes sont écrites sur des rimes pareilles aux rimes de la première strophe, et les

---

1. Le mot *meurdrier* (meurtrier), comme beaucoup d'autres mots terminés en *ier*, ne comptait alors que pour deux syllabes.

vers de chacune des strophes sont disposés dans le même ordre que les vers de la première strophe.

L'Envoi se compose de cinq vers écrits sur des rimes pareilles aux rimes des cinq vers qui terminent les strophes, — et les cinq vers dont se compose l'Envoi sont disposés comme les cinq vers qui terminent chacune des strophes.

Dans la strophe du Chant Royal, riment ensemble :

1° Le premier et le troisième vers.

2° Le deuxième et le quatrième vers.

3° Le cinquième et le sixième vers.

4° Le septième, le huitième et le dixième vers.

5° Le neuvième et le onzième vers.

Originairement et selon sa règle stricte, le Chant Royal tout entier doit être une grande Allégorie (je n'ose dire, car ce serait le rabaisser, une Énigme), dont l'explication positive n'est donnée que dans l'Envoi. On le comprendra bien en lisant le Chant Royal suivant, de Clément Marot. — Dans la seconde partie des strophes les rimes féminines s'y heurtent, contrairement à nos habitudes modernes. Mais je suppose que le lecteur de ce Petit Traité est assez avancé à présent dans la connaissance de notre art pour que cette irrégularité ne l'embarrasse pas. Il a vu d'ailleurs, dans le Chant Royal précédemment cité, comment les rimes de ce poëme peuvent être disposées pour ne pas choquer les principes (ou les préjugés) de notre versification actuelle.

CHANT ROYAL, DE LA CONCEPTION (1520).

Lorsque le Roy par hault desir et cure
Délibéra d'aller vaincre ennemys,
Et retirer de leur prison obscure
Ceulx de son Ost à grans tourmens submis,
Il envoya ses Fourriers en Judée
Prendre logis sur place bien fondée;
Puis commanda tendre en forme facile
Un pavillon pour exquis domicile,
Dedans lequel dresser il proposa
Son lict de Camp, nommé en plein Concile
La digne couche où le Roy reposa.

Au Pavillon fut la riche paincture,
Monstrant par qui noz pechez sont remis :
C'estoit la nue, ayant en sa closture
Le jardin clos à tous humains promis,
La grand'cité des haults cieulx regardée,
Le lys royal, l'olive collaudée,
Avec la tour de David, immobile,
Pourquoy l'ouvrier [1] sur tous le plus habile
En lieu si noble assit et apposa
(Mettant à fin le dict de la Sibylle)
La digne couche où le Roy reposa.

1. Le mot *ouvrier* ne compte ici que pour deux syllabes.

D'antique ouvrage a composé Nature
Le boys du lict, où n'a un poinct obmis :
Mais au coissin plume tres blanche et pure
D'un blanc coulomb le grand ouvrier [1] a mis;
Puis Charité tant quise, et demandée,
Le lict prépare avec Paix accordée;
Linge trespur Dame Innocence file;
Divinité les trois Rideaux enfile,
Puis à l'entour le tendit et posa,
Pour préserver de vent froid et mobile
La digne couche où le Roy reposa.

Aucuns ont dict noire la couverture,
Ce qui n'est pas. Car du Ciel fut transmis
Son lustre blanc, sans aultre art de taincture;
Un grand pasteur l'avoit ainsi permis,
Lequel jadis par grâce concordée,
Des ses aigneaux la toyson bien gardée
Transmit au cloz de Nature subtile
Qui une en feit la plus blanche et utile
Qu'oncques sa main tyssut ou composa,
Dont elle orna (oultre son commun stile)
La digne couche où le Roy reposa.

Pas n'eut un ciel faict à frange, et figure
De fins damas, sargettes, ou samis :
Car le hault ciel, que tout rond on figure,
Pour telle couche illustrer fut commis.
D'un tour estoit si précieux bordée
Qu'oncques ne fut de vermine abordée.
N'est-ce donc pas d'humanité fertile
Œuvre bien faict, veu que l'aspic hostile,
Pour y dormir approcher n'en osa?

---

1. Le mot *ouvrier* ne compte ici que pour deux syllabes.

Certes si est, et n'est à luy servile
La digne couche où le Roy reposa.

ENVOI.

Prince, je prens en mon sens puerile,
Le pavillon, pour saincte Anne stérile;
Le Roy, pour Dieu, qui aux Cieulx repos a
Et Marie est (vray comme l'Évangile)
La digne couche où le Roy reposa.

CLÉMENT MAROT. *Chants divers,* 1. Œuvres Complètes,
Édition Pierre Jannet. Chez Lemerre.

La règle dont je viens de parler, et qui veut que le Chant Royal soit tout allégorique, n'a été que rarement observée autrefois. Si, comme nous osons l'espérer, quelque lyrique audacieux vient à ressusciter le Chant Royal, comment cette même règle pourrait-elle être obéie à une époque où le droit d'évoquer l'Allégorie est contesté même à la grande Peinture, qui pourtant ne saurait se passer d'elle? — Mais, pour que la Poésie puisse vivre, ce ne sont pas les poëtes qui manquent jamais, car il y a toujours des poëtes! Ce qui manque surtout, c'est des auditeurs qui n'aient pas tué en eux-mêmes (avec une grosse dépense de temps et d'argent) le sens **du merveilleux et l'instinct de la Poésie.**

CHAPITRE X

DE QUELQUES CURIOSITÉS POÉTIQUES

Je vais parler, en terminant, de quelques curiosités poétiques, je veux dire de quelques poëmes qui tirent leur principal charme de leur étrangeté même. Ce sont la *Sextine* (bien qu'elle mérite peut-être mieux que d'être classée ainsi parmi les poëmes bizarres,) la *Glose*, le *Pantoum*, et, si l'on me permet d'y joindre ce jeu d'enfant, l'*Acrostiche*. Puis, après avoir mentionné ce que Pierre Richelet a nommé les *Vieilles Rimes*, j'essayerai de donner dans une très-brève et très-rapide Conclusion la pensée même du livre que j'achève, avec le regret d'avoir été si fort au-dessous de ma tâche.

LA SEXTINE. — C'est un de nos poëtes les plus savants et les plus délicats, M. le comte de Gramont, qui, d'après la Sextine italienne de Pétrarque, inventa, créa la Sextine française [1], en

---

1. *Chant du Passé*, par le comte de Gramont, 1830-1848. Un

triomphant d'innombrables et de terribles difficultés. La première Sextine de M. de Gramont parut dans la célèbre *Revue Parisienne* de Balzac, qui, se faisant critique pour une telle circonstance, se chargea lui-même d'expliquer aux lecteurs ce que c'est qu'une Sextine et de les édifier sur le goût impeccable et sur la prodigieuse habileté d'ouvrier qu'elle exige du poëte. Avec une générosité sans égale, M. de Gramont veut bien me donner pour ce Petit Traité la primeur d'une admirable Sextine inédite, qu'il a composée dans toute la rigueur des règles, et où la forme type de ce poëme est précisée dans toute sa pureté classique.

SEXTINE.

Autour d'un étang.

L'étang qui s'éclaircit au milieu des feuillages,
La mare avec ses joncs rubanant au soleil,
Ses flottilles de fleurs, ses insectes volages
Me charment. Longuement au creux de leurs rivages
J'erre, et les yeux remplis d'un mirage vermeil,
J'écoute l'eau qui rêve en son tiède sommeil.

volume in-18 compact de 250 pages, aujourd'hui rarissime, publié en 1854 par D. Giraud, libraire-éditeur, 7, rue Vivienne, avec cette épigraphe :

Semper et ubique fidelis.
Potius mori quam fœdari.
Etiamsi omnes, ego non.
Vieilles devises d'une langue morte.

Moi-même j'ai mon rêve et mon demi-sommeil.
De féeriques sentiers s'ouvrent sous les feuillages;
Les uns, en se hâtant vers le coteau vermeil,
Ondulent, transpercés d'un rayon de soleil;
Les autres indécis, contournant les rivages,
Foisonnent d'ombre bleue et de lueurs volages.

Tous se peuplent pour moi de figures volages
Qu'à mon chevet parfois évoque le sommeil,
Mais qui bien mieux encor sur ces vagues rivages
Reviennent, souriant aux mailles des feuillages :
Fantômes lumineux, songes du plein soleil,
Visions qui font l'air comme au matin vermeil.

C'est l'ondine sur l'eau montrant son front vermeil
Un instant; c'est l'éclair des sylphides volages
D'un sillage argentin rayant l'or du soleil;
C'est la muse ondoyant comme au sein du sommeil
Et qui dit : « Me voici; » c'est parmi les feuillages
Quelque blancheur de fée... O gracieux rivages!

En vain j'irais chercher de plus nobles rivages,
Pactole aux sables d'or, Bosphore au flot vermeil,
Aganippe, Permesse aux éloquents feuillages,
Pénée avec ses fleurs, Hèbre et ses chœurs volages,
Éridan mugissant, Mincie au frais sommeil
Et Tibre que couronne un éternel soleil;

Non, tous ces bords fameux n'auraient point ce soleil
Que me rend votre aspect, anonymes rivages!
Du présent nébuleux animant le sommeil,
Ils y font refleurir le souvenir vermeil
Et sonner du printemps tous les échos volages
Dans les rameaux jaunis non moins qu'aux verts feuillages.

Pour feuillages, adieu, vainement du soleil
Les volages clartés auront fui ces rivages,
Ce jour vermeil luira jusque dans mon sommeil.

LE COMTE F. DE GRAMONT (*Inédit*)[1].

Il est entendu que je donnerai les règles de la Sextine d'après M. de Gramont, qui a dû, selon son sens exquis du rhythme, les créer lui-même, puisqu'il avait à décider une disposition de rimes masculines et féminines que ne pouvait lui donner le type italien de la Sextine.

La Sextine est écrite en vers alexandrins.

Elle peut commencer par un vers féminin ou par un vers masculin.

Elle se compose de six strophes de six vers, suivies d'une demi-strophe de trois vers.

Elle offre ceci de très-particulier que, si le poëte choisit les mots qu'il veut pour terminer les vers de sa première strophe, ces mêmes six mots, choisis par lui, devront être ceux qui termineront aussi, rangés dans un autre ordre, les vers des cinq strophes et de la demi-strophe qui suivront la première strophe.

La première strophe est écrite sur deux rimes. Dans cette strophe riment ensemble :

1° Le premier, le troisième et le quatrième vers.

---

1. Cette Sextine, publiée depuis, est la deuxième du volume intitulé : *Sextines*. Paris, Alphonse Lemerre, 1872.

2° Le second, le cinquième et le sixième vers.

Pour faire comprendre dans quel ordre les six mots qui terminent les six vers de la première strophe doivent se présenter dans les strophes suivantes, dont ils termineront également les vers, j'aurai recours à un TABLEAU d'une grande simplicité.

Prenant pour exemple les mots qui terminent les vers de la Sextine de M. de Gramont que j'ai citée, je numéroterai ces mots de 1 à 6 dans l'ordre où ils se présentent à la fin des vers de la première strophe.

Puis, je donnerai la disposition de chacune des strophes suivantes, indiquant par un chiffre romain la place que chacun de ces mots occupe dans la strophe nouvelle, et par un chiffre arabe la place qu'il occupait dans la strophe précédente.

Observons à l'avance que, dans la strophe de trois vers qui termine la Sextine, les six mots doivent reparaître encore, et cette fois dans le même ordre que dans la première strophe, mais de telle façon qu'on trouve :

Le mot 1 dans l'intérieur du premier vers, et le mot 2 à la fin du premier vers ;

Le mot 3 dans l'intérieur du second vers, et le mot 4 à la fin du second vers ;

Le mot 5 dans l'intérieur du troisième vers, et le mot 6 à la fin du troisième vers.

Et il faut prendre garde que les mots 1, 3 et 5 placés dans l'intérieur des premier, deuxième et troisième vers ne doivent jamais tomber à la césure.

Voici donc la disposition de la Sextine :

Première Strophe.

FEUILLAGES. 1
SOLEIL . . 2
VOLAGES . . 3
RIVAGES . . 4
VERMEIL . . 5
SOMMEIL . . 6

Deuxième Strophe.

I. SOMMEIL . . 6 de la strophe précédente.
II. FEUILLAGES 1
III. VERMEIL . . 5
IV. SOLEIL . . . 2
V. RIVAGES . . 4
VI. VOLAGES . . 3

Troisième Strophe.

I. VOLAGES . . 6 de la strophe précédente.
II. SOMMEIL . . 1

III. RIVAGES. . 5
IV. FEUILLAGES 2
V. SOLEIL. . . 4
VI. VERMEIL. . 3

Quatrième Strophe.

I. VERMEIL. . 6 de la strophe précédente.
II. VOLAGES. . 1
III. SOLEIL. . . 5
IV. SOMMEIL. . 2
V. FEUILLAGES 4
VI. RIVAGES. . 3

Cinquième Strophe.

I. RIVAGES. . 6 de la strophe précédente.
II. VERMEIL. . 1
III. FEUILLAGES 5
IV. VOLAGES. . 2
V. SOMMEIL. . 4
VI. SOLEIL . . 3

Sixième Strophe.

I. SOLEIL. . . 6 de la strophe précédente
II. RIVAGES . . 1
III. SOMMEIL. . 5
IV. VERMEIL. . 2

V. VOLAGES. . 4
VI. FEUILLAGES 3

Demi-Strophe finale.

(Les six mots sont ici numérotés relativement à leur place dans la première Strophe).

Doux FEUILLAGES (1), *adieu, vainement du* SOLEIL (2)
Les VOLAGES (3) *clartés auront fui ces* RIVAGES (4),
Ce jour VERMEIL (5) *luira jusque dans mon* SOMMEIL (6).

Comme on a pu le voir, voici sa formule :
Pour disposer les mots qui terminent ses vers, chaque strophe prend à son tour :

Pour terminer son PREMIER vers, le mot qui termine le SIXIÈME vers de la strophe précédente ;

Pour terminer son SECOND vers, le mot qui termine le PREMIER vers de la strophe précédente ;

Pour terminer son TROISIÈME vers, le mot qui termine le CINQUIÈME vers de la strophe précédente ;

Pour terminer son QUATRIÈME vers, le mot qui termine le SECOND vers de la strophe précédente ;

Pour terminer son CINQUIÈME vers, le mot qui termine le QUATRIÈME vers de la strophe précédente ;

Et pour terminer son SIXIÈME vers, le mot

qui termine le TROISIÈME vers de la strophe précédente.

En d'autres termes, chaque strophe prend dans la strophe qui l'a précédée, un mot final à la fin, un mot final au commencement, jusqu'à épuisement des six mots, en remontant et en descendant de la fin et du commencement de la strophe au milieu de la strophe.

Entre les mains de M. de Gramont, la Sextine est admirable. On lit ses sextines sans pouvoir soupçonner, si l'on n'est pas versificateur, que le poëte ait dû combattre des difficultés, tant le tour en est libre, aisé, gracieux, tant la phrase y est bien attachée, correcte et maîtresse d'elle-même. Mais que de génie et de talent atteste ce résultat si parfait! Il a fallu VOIR d'abord un sentiment ou un paysage (en ce cas c'est tout un) avec tous ses aspects, puis VOIR les six mots qui suffiront à ébaucher la peinture de ce sentiment ou de ce paysage, puis VOIR — et tout cela d'un coup, et spontanément! — les mille nuances diverses que peuvent revêtir ces mêmes mots pour faire naître tour à tour dans l'esprit du lecteur toutes les impressions qui sont nées à la fois dans la pensée du poëte devant sa VISION, et devant les spectacles de plus en plus vastes et multiples en lesquels elle s'est agrandie et détaillée.

Avec quel art M. de Gramont place à l'intérieur des vers des mots brillants, inattendus, étonnants, pour faire oublier que les mêmes mots reviennent toujours à la fin des vers ! Et ces mots inévitables, avec quel tact il les amène ! Avec quelle science il les éclaire de façons différentes et fait jouer sur eux et à côté d'eux la lumière ! Il réalise tous les *effets* que cherchent le musicien et le peintre ; et voyez, dans notre Sextine, avec ce seul mot VOLAGES il rend tous ces ondoiements et ces frémissements dans l'atmosphère visible qui sont la magie de la palette de Corot, ce demi-dieu du matin et du crépuscule !

Quoique tout soit possible, même l'impossible, je n'oserais conseiller à personne d'aborder après M. de Gramont ce poëme redoutable. Il me semble que sous d'autres mains que les siennes la Sextine ressemblerait à un bel Ange infirme ; car s'il y a de l'Ange dans son grand vol où toujours les ailes s'ouvrent plus grandes et s'enfuient plus loin, elle est cruellement retenue vers la terre par ces mots immuables rivés à ses pieds. Dans la poésie française, tel est l'avide appétit de la Rime et de son harmonie, que nous avons besoin de jouir toujours non-seulement de la façon dont elle est amenée et présentée, — mais d'elle-même, de la surprise et de l'éclat des sons dont elle fait résonner à notre oreille la musique variée et triomphale. Cependant tout ce qu'on pourrait dire contre la Sextine est réduit à néant par les sextines de M. de Gramont, si bien que mon conseil, en somme, doit se borner à ceci : N'en faites pas... ou faites-les comme lui !

Je terminerai, comme le cuisinier, par une recette. Les procédés *matériels* que j'ai recommandé de ne pas employer lorsqu'il s'agissait des poëmes précédents, peuvent être appliqués sans danger — pour la Sextine, et, une fois la première strophe trouvée, il n'y a aucun inconvénient à écrire six fois de suite, disposés suivant les six combinaisons dans lesquelles ils doivent reparaître, les six mots qui terminent les vers de la première strophe. Comme cet arrangement est prévu, voulu et inévitable, on peut l'avoir sous les yeux sans qu'il enlève rien à l'inspiration, et il la facilite plutôt, en permettant à l'esprit d'embrasser à la fois les combinaisons infinies, à la fois mathématiques et souverainement idéales à l'aide desquelles doit être réalisée la Sextine parfaite.

La Glose. La Glose est un poëme dans lequel un autre poëme connu et même célèbre est paraphrasé ou parodié en strophes de quatre vers, de telle façon que, du premier au dernier, chacun des vers du poëme parodié reparaît à son tour dans la Glose, comme dernier vers de chacune des strophes de la Glose.

C'est pour ce poëme surtout qu'on peut dire que le combat finit, ou plutôt ne commença pas, — faute de combattants. Il n'y a presque jamais eu, il n'y aura presque jamais de poëme assez célèbre pour devenir le motif d'une Glose. La chose arriva pourtant. On sait que le fameux sonnet de Voiture *Sur Uranie* et le non moins fameux sonnet de Benserade dit *Sonnet de Job*, opposés l'un à l'autre, divisèrent la cour et la ville, et qu'il se forma deux partis, les *Jobelins* et les *Uranins*, attaquant et soutenant par des combats acharnés la supériorité de chacun de ces aimables chefs-d'œuvre sur le chef-d'œuvre rival. Iliade en miniature, qui eut ses Ajax et ses Achille! L'admiration et la querelle s'envenimèrent à ce point que tout Paris sut par cœur l'un et l'autre sonnet, ce qui permit à Sarazin d'écrire une Glose à propos du *Sonnet de Job*, ou plutôt contre le *Sonnet de Job*. Voici les deux poëmes, le Sonnet et après lui la Glose. Cette fantaisie ne manque pas d'un certain entrain dans le caprice, et donne l'idée de ces personnages de décoration dont les figures se terminent en de fantasques arabesques de feuillages et de fleurs bizarres.

SONNET DE IOB.

Iob de mille tourments atteint
Vous rendra sa douleur connue,
Mais raisonnablement il craint
Que vous n'en soyez point ému.

Vous verrez sa misère nue,
Il s'est lui-même ici dépeint;
Accoutumez-vous à la vue
D'un homme qui souffre et se plaint.

Bien qu'il eût d'extrêmes souffrances,
On voit aller des patiences
Plus loin que la sienne n'alla.

Car s'il eut des maux incroïables,
Il s'en plaignit, il en parla;
J'en connois de plus misérables.

ISAAC DE BENSERADE.

GLOSE A MONSIEUR ESPRIT

Sur le sonnet de M. de Benserade.

Monsieur Esprit, de l'Oratoire,
Vous agissez en homme saint
De couronner avecque gloire
Iob de mille tourments atteint.

L'ombre de Voiture en fait bruit,
Et, s'estant enfin résolüe
De vous aller voir cette nuit,
Vous rendra sa douleur connue.

C'est une assez fâcheuse vue,
La nuit, qu'une Ombre qui se plaint;
Votre esprit craint cette venüe
Et raisonnablement il craint.

Pour l'apaiser, d'un ton fort doux
Dites, i'ai fait une bévue,
Et ie vous coniure à genoux
Que vous n'en soyez point émüe.

Mettez, mettez votre bonnet,
Respondra l'Ombre, et sans berlüe
Examinez ce beau Sonnet,
Vous verrez sa misère nue.

Diriez-vous, voyant Iob malade,
Et Benserade en son beau teint :
Ces vers sont faits pour Benserade,
Il s'est lui-même ici dépeint?

Quoy, vous tremblez, Monsieur Esprit?
Avez-vous peur que ie vous tue?
De Voiture, qui vous chérit,
Accoutumez-vous à la veüe.

Qu'ay-ie dit qui vous peut surprendre
Et faire paslir votre teint?
Et que deviez-vous moins attendre
D'un homme qui souffre et se plaint?

Un Autheur qui dans son escrit,
Comme moy, reçoit une offense,

Souffre plus que Iob ne souffrit,
Bien qu'il eût d'extrêmes souffrances.

Avec mes Vers une autre fois
Ne mettez plus dans vos Balances
Des Vers, où sur des Palefrois
On voit aller des patiences.

L'Herty, le Roy des gens qu'on lie,
En son temps auroit dit cela;
Ne poussez pas votre folie
Plus loin que la sienne n'alla.

Alors l'Ombre vous quittera
Pour aller voir tous vos semblables,
Et puis chaque Iob vous dira
S'il souffrit des maux incroyables.

Mais à propos, hyer au Parnasse
Des Sonnets Phœbus se mesla
Et l'on dit que de bonne grâce
Il s'en plaignit, il en parla.

J'aime les Vers des Uranins,
Dit-il, mais je me donne aux Diables
Si pour les vers des Iobelins
J'en connois de plus misérables.

JEAN-FRANÇOIS SARAZIN.

LE PANTOUM. L'histoire du Pantoum (en français) sera bientôt faite. Créé et conservé par l'Orient, qui lui a gardé une grâce infinie et un charme délicat et fuyant comme celui d'un rêve, ce poëme si musical essaie seulement de s'acclimater chez nous. Je crois que la première révélation du Pantoum a été pour nous cette traduction en prose donnée par Victor Hugo dans les Notes des *Orientales* (1829).

PANTOUM MALAIS.

Les papillons jouent à l'entour sur leurs ailes ;
Ils volent vers la mer, près de la chaîne des rochers.
Mon cœur s'est senti malade dans ma poitrine,
Depuis mes premiers jours jusqu'à l'heure présente.

Ils volent vers la mer près de la chaîne des rochers...
Le vautour dirige son essor vers *Bandam*.
Depuis mes premiers jours jusqu'à l'heure présente,
J'ai admiré bien des jeunes gens :

Le vautour dirige son essor vers *Bandam*...
Et laisse tomber de ses plumes à *Patani*.
J'ai admiré bien des jeunes gens ;
Mais nul n'est à comparer à l'objet de mon choix.

Il laisse tomber de ses plumes à *Patani*...
Voici deux jeunes pigeons !
Aucun jeune homme ne peut se comparer à celui de mon
Habile comme il l'est à toucher le cœur.   [choix,

Bien des années plus tard, un érudit, un lettré, à la fois critique, romancier et bibliographe éminent, M. Charles Asselineau, qui, malheureusement pour nous, ne veut être en poésie qu'un dilettante, essaya de transporter dans le français la forme du Pantoum, et publia dans une Revue belge le poëme, dont la disposition française lui appartenait bien réellement. En bonne conscience, c'est donc ce poëme que je devrais donner ici, mais la modestie de l'auteur s'y oppose à mon bien grand regret. Moi-même en 1856 j'essayai, d'après le modèle donné par M. Asselineau, un Pantoum : *Monselet d'Automne*, qui fait partie des *Odes Funambulesques;* mais il est écrit sur une donnée bouffonne, et, par conséquent, ne peut être proposé comme exemple. Après moi, et d'après moi, je crois, un poëte du plus grand mérite, Mlle Louisa Siefert, aborde aussi le Pantoum dans ses *Rayons perdus* [1], et si je ne cite encore pas celui qu'elle a composé : *En passant en chemin de fer* (page 30), c'est qu'elle n'a pas observé rigoureusement la règle absolue et inévitable du Pantoum, qui veut que, du commencement à la fin du poëme, DEUX SENS soient poursuivis parallèlement, c'est-à-dire UN SENS *dans les deux premiers vers de chaque strophe*, et UN AUTRE SENS *dans les deux derniers vers de chaque strophe*. Devant tous ces obstacles, et pour les besoins de ma cause, je me décide à faire moi-même pour ce livre un nouvel essai de

---

[1] Chez Alphonse Lemerre, 1868.

Pantoum, en réclamant toute l'indulgence du lecteur.

LA MONTAGNE.

Pantoum.

Sur les bords de ce flot céleste
Mille oiseaux chantent, querelleurs.
Mon enfant, seul bien qui me reste,
Dors sous ces branches d'arbre en fleurs.

Mille oiseaux chantent, querelleurs,
Sur la rivière un cygne glisse.
Dors sous ces branches d'arbre en fleurs,
O toi ma joie et mon délice!

Sur la rivière un cygne glisse
Dans les feux du soleil couchant.
O toi ma joie et mon délice,
Endors-toi, bercé par mon chant!

Dans les feux du soleil couchant
Le vieux mont est brillant de neige.
Endors-toi bercé par mon chant,
Qu'un dieu bienveillant te protége!

Le vieux mont est brillant de neige,
A ses pieds l'ébénier fleurit.
Qu'un dieu bienveillant te protége!
Ta petite bouche sourit.

A ses pieds l'ébénier fleurit,
De brillants métaux le recouvrent.
Ta petite bouche sourit,
Pareille aux corolles qui s'ouvrent.

DE QUELQUES CURIOSITÉS POÉTIQUES. 247

De brillants métaux le recouvrent,
Je vois luire des diamants.
Pareille aux corolles qui s'ouvrent,
Ta lèvre a des rayons charmants.

Je vois luire des diamants
Sur la montagne enchanteresse.
Ta lèvre a des rayons charmants,
Dors, qu'un rêve heureux te caresse !

Sur la montagne enchanteresse
Je vois des topazes de feu.
Dors, qu'un songe heureux te caresse,
Ferme tes yeux de lotus bleu !

Je vois des topazes de feu
Qui chassent tout songe funeste.
Ferme tes yeux de lotus bleu
Sur les bords de ce flot céleste !

Le Pantoum s'écrit en strophes de quatre vers. Le mécanisme en est bien simple. Il consiste en ceci, que le second vers de chacune des strophes devient le premier vers de la strophe suivante, et que le quatrième vers de chaque strophe devient le troisième vers de la strophe suivante. De plus le premier vers du poëme, qui commence la première strophe, reparaît à la fin, comme dernier vers du poëme, terminant la dernière strophe.

J'ai énoncé nettement et brutalement la règle par laquelle un sens doit se poursuivre, d'un bout à l'autre du poëme, dans les deux premiers vers de chaque strophe, tandis qu'UN AUTRE SENS doit se poursuivre, d'un bout à l'autre du poëme, dans les deux derniers vers de chaque strophe. Mais il n'y a rien de si simple que cela dans un art qui, pour la moitié au moins, est musique et harmonie, et qui vit d'affinités mystérieuses. Oui, *en apparence,* les deux sens qui se poursuivent parallèlement dans le Pantoum, doivent être absolument différents l'un de l'autre; mais cependant ils se mêlent, se répondent, se complètent et se pénètrent l'un l'autre, par de délicats et insensibles rapports de sentiment et d'harmonie. Ceci rentre dans le côté presque surnaturel du métier de la poésie. Non que les procédés par lesquels s'obtient cette *similitude dans la dissemblance* ne puissent être ramenés, comme tout peut l'être, à des principes mathématiques; mais ce sont là des calculs transcendants que le maître imagine tout seul et que l'écolier ne saurait apprendre.

L'ACROSTICHE, etc. L'Acrostiche appartient déjà non plus à la versification, mais à l'amusement, au jeu de société et au tour de force inutile. C'est un poëme (s'il mérite ce nom) composé à la louange d'une personne, et dont les vers, égaux en nombre aux lettres qui composent le nom de cette personne, commencent chacun par une de ces lettres, dans l'ordre où elles sont disposées pour former le nom que célèbre l'Acrostiche. Il était difficile d'en trouver un qui méritât d'être cité [1]; mais le brillant poète du *Bois*, des *Vignes Folles* et des *Flèches d'Or*, Albert Glatigny, a bien voulu composer tout exprès, pour me permettre de le donner ici, un Acrostiche fait de main d'ouvrier, à la louange du grand aïeul de tous les bons rimeurs.

CLÉMENT MAROT

Acrostiche.

C'est un rimeur cher au pays gaulois,
Levé dès l'aube, et de sa belle voix
Émerveillant Echo qui se réveille.
Maître ingénu, le pays où la treille
Étend ses bras chargés de raisins clairs,
Nourrit ta Muse aux regards pleins d'éclairs,
Toinon qui rit, les deux poings sur ses hanches.

Merle gentil qui siffles dans les branches
Au renouveau, nous sommes Allemands,
Russes, Chinois, ténébreux, endormants;
Ô bon Marot, trouverons-nous encore
Ton chant naïf, et sa note sonore!

ALBERT GLATIGNY.

J'ai dit plus haut mon opinion sur les *Bouts-Rimés*. Il n'en faut pas faire. Comme les moyens

---

1. Voyez pourtant ceux de Gringore.

dont dispose le poëte consistent, non pas seulement à trouver des rapports ingénieux entre les rimes qu'il a choisies, mais d'abord et surtout à choisir et à ordonner les rimes qui éveilleront les impressions qu'il veut faire naître, — le priver de choisir ses rimes, c'est le diminuer de moitié sans lui donner le mérite d'une difficulté vaincue, car il n'y a rien de plus facile à faire que les inutiles Bouts-Rimés. Aussi est-ce à tort que tous les éditeurs de Molière déshonorent une page de ses œuvres en la remplissant avec ce sonnet ridicule :

Que vous m'embarrassez avec votre....... grenouille
Qui traîne à ses talons le doux mot d'..... hypocras!
Je hais des bouts rimés le puéril..... fatras,
Et tiens qu'il vaudrait mieux filer une... quenouille, etc.

Il faut éviter aussi les tours de force poétiques, dont l'unique but est d'amuser les sots et les oisifs. Si le vrai poëte ne doit reculer devant aucune difficulté, si invincible qu'elle paraisse, pour arriver à l'effet qu'il veut produire, il doit éviter d'avilir la Muse en lui imposant des contorsions inutiles. Ne confondez pas les capricieuses arabesques où se joue la fantaisie d'un artiste savant avec les stériles combinaisons où s'épuise l'obstination d'un maniaque. On a pu et on a dû peut-être tout tenter et tout essayer au XVIe siècle, alors que dans la fièvre de leur œuvre les créateurs de l'art lyrique français subissaient les tâtonnements que suppose et implique toujours l'enfantement d'un monde ; mais aujourd'hui il n'est plus permis de pétrir des singes en croyant faire des hommes. On trouve dans le livre du grand Rabelais une pièce de vers dont la disposition typographique reproduit la forme d'une bouteille. Il en a été fait d'autres qui représentent une coupe où viennent boire des colombes. Enfin on verra par la citation suivante, que j'emprunte à l'*Histoire du Sonnet* de M. Charles Asselineau [1], jusqu'où a pu aller la folie enfantine de ces casse-tête chinois.

« C'est au XVIe siècle, dans la fureur de la nouveauté, que furent imaginées ces complications baroques, auprès desquelles n'étaient plus rien les difficultés qui rendaient sceptiques Boileau et l'évêque de Vence : Sonnets *boiteux, acrostiches, mésostiches, en bouts-rimés, retournés, lozengés, serpentins, croix de Saint-André,* etc., *nus, revêtus, commentés, rapportés.* Dans le Sonnet *acrostiche,* les premiers mots de chaque vers devaient former une phrase à part qu'on lisait perpendiculairement de haut en bas ; dans le *mésostiche,* la phrase était formée par les derniers mots du premier hémistiche ou par les premiers mots du second. Le sonnet *rapporté* était tranché en trois ou quatre phrases perpendiculaires.

1. *Histoire du Sonnet, pour servir à l'histoire de la poésie française,* par Charles Asselineau. — En tête du *Livre des Sonnets* publié par Alphonse Lemerre.

Le serpentin devait ramener à la fin le premier vers, mais inversé, de façon, dit Colletet, « qu'à l'imitation du serpent, il semble retourner en luy-mesme. » Enfin on composa des Sonnets *licencieux* ou *libertins*, où l'auteur feignait de violer les règles par emportement poétique ou par entraînement de passion. Baïf, Ronsard, Maynard et Malherbe en ont composé de semblables : on en cite même de Du Bellay, « dont tous les Vers courent à toute bride comme des chevaux eschappez, et n'ont aucune alliance de rime l'vn auec l'autre. Témoin celuy-cy :

> Arrière, arrière, ô meschant populaire,
> O que ie hais ce faux peuple ignorant !
> Doctes Esprits, fauorisez les Vers
> Que veut chanter l'humble Prestre des Muses [1]. »

Le phénix, le merle blanc de la poésie difficile et compliquée est sans contredit le Sonnet suivant, indiqué par Colletet dans la vie de Jean de Schelandre [2], et qui est à la fois *acrostiche, mésostiche, losange* et *croix de Saint-André.*

**SONNET EN ACROSTICHE, MÉSOSTICHE, CROIX DE SAINT-ANDRÉ
ET LOZENGE CONTÉ PAR SYLLABES.**

Anne de Montaut dontant une âme.

> A Dirge à ma Cypris   D'Amour la mèr' et d'Ame
> Non pOint la pomme d'Or   Ou eN pareil honNeur
> Ne rien d'iN a Ni mé   Ni prese Nt de seNteur
> En vn au Tel si beau,   Tout don vil Est infame.
> Donn' ô brAue pAssant   Autre Don tout De flame
> Et rieN de trop communN Ni dE l'ex te ri Eur,
> MeTs y pour l'adorer   TeMps trauail cœur et aMe
> Ou sVr tout n'y a pOint Vn plVs cher que le cOeur ;
> Nul vien N'à semblaNt faux Nostre baNd'est saNs ort,
> Tel sous un fEinT discours Et recouu ErT de fard
> A bord'A ces beAutés,   A ceux lA l'on Adiouste,
> Vous qVi feignez l'aMour MesVrez vous au Mien,
> Tout hypocrit' est traistr' ET perira sans doutE.

> DestourNe tout amant qVi Ne vEuT aymer bieN
> A Ne feindrE D'aymer MoN cœur moNtre lA route.

1. Colletet, *Traitté du Sonnet.*
2. *Vie des poëtes françois*, ms.

Encore une fois, tous ces jeux enragés ne servent à rien. Il est cependant nécessaire qu'au point de vue de l'érudition courante, le lecteur de ce Petit Traité connaisse ce qu'on appelle *Les Vieilles Rimes*. Ces Vieilles Rimes, Pierre Richelet fut leur dernier ami, et, pour bien dire, le dernier qui les ait suffisamment connues pour donner sur elles de bons renseignements. Je ne vois donc rien de mieux à faire que de transcrire ici le chapitre qu'il leur a consacré.

DES VIEILLES RIMES
Chapitre de Pierre Richelet[1].

Les curieux seront peut-être bien aises de savoir le nom des rimes qui étaient autrefois en usage, et comme on n'écrit que pour avoir l'avantage de leur plaire, on mettra ici les plus connues, qui sont la *Kyrielle*, la *Batelée*, la *Fraternisée*, la *Brisée*, l'*Empérière*, l'*Annexée*, l'*Enchaînée*, l'*Équivoque*, la *Couronnée*.

La rime *Kyrielle* consiste à répéter un même vers à la fin de chaque couplet.

> Qui voudra sçavoir la pratique
> De cette rime juridique,
> Je dis que bien mise en effet
> La Kyrielle ainsi se fait

1. Dans *l'Abrégé des règles de la Versification Françoise*.

> De plante [1] de sillabes huit
> Usez en donc si bien vous duit;
> Pour faire le couplet parfait
> La Kirielle ainsi se fait.

On appelle rime *Batelée*, lorsque le repos du vers qui suit rime avec le vers précédent.

> Quand Neptunus puissant Dieu de la mer
> Cessa d'armer Caraques et Galées
> Les Gallicans bien le durent aimer
> Et réclamer ses grand's Ondes salées.
>
> CLÉMENT MAROT.

Dans la rime *Fraternisée* le dernier mot du vers est répété en entier, ou en partie, au commencement du vers suivant, soit par équivoque ou d'une autre manière.

> Mets voile au vent, cingle vers nous, Caron,
> Car on t'attend, et quand seras en tente,
> Tant et plus bois bonum vinum charum
> Qu'aurons pour vrai. Donque sans longue atente,
> Tente tes pieds à si décente sente
> Sans te fâcher; mais sois en content tant
> Qu'en ce faisant nous le soions autant.

La Rime *Senée* est une espèce d'Acrostiche. Elle se fait lorsque tous les vers, ou tous les mots de chaque vers, commencent par une même lettre.

> Miroir, mondain, Madame, magnifique,
> Ardente, amour, adorable, angélique.

1. De rimes suivies. (Note de Pierre Richelet.)

Dans la rime *Brisée*, les vers sont coupés immédiatement après le repos, et à ne lire que jusque-là ils font un sens différent de celui qu'ils renferment lorsqu'ils sont tout entiers. Ex. d'Octavien de S. Gelais :

De cœur parfait,	Chassez toute douleur.
Soiez soigneux ;	N'usez de nulle feinte,
Sans vilain fait,	Entretenez douceur.
Vaillant et preux,	Abandonnez la crainte.
Par bon effet,	Montrez votre valeur
Soiez joieux.	Et bannissez la plainte.

La rime *Empérière* est une rime où une partie de la dernière syllabe de l'antépénultième mot est répétée deux fois de suite.

Prenez en gré, mes impar*faits, faits, faits*,
Benins lecteurs très dili*gens, gens, gens*.

La rime *Annexée* est une rime où la dernière syllabe des vers qui précède commence le vers suivant.

Dieu gard' ma maitresse et régente
Gente de corps et de façon ;
Son cœur tient le mien en sa tante
Tant et plus d'un ardent frisson.

La rime *Enchaînée* est une espèce de gradation.

Dieu des Amans de mort me garde,
Me gardant donne-moi bonheur,
En me le donnant prend ta darde,
En la prenant navre son cœur.

CLÉMENT MAROT.

Dans la rime *Équivoque*, la dernière syllabe de chaque vers est reprise en une autre signification au commencement ou à la fin du vers qui suit.

> En m'ébatant je fais Rondeaux *en rime*,
> Et *en rimant* bien souvent je m'enrime.
> Bref c'est pitié entre nous *rimailleurs*;
> Car vous trouvez assez de *rime ailleurs*,
> Et quand vous plaist mieux que moi *rimassez*,
> Des biens avez et de la *rime assez*.
>
> Clément Marot.

La rime *Couronnée* se fait quand le mot qui fait la fin du vers, est une partie du mot qui le précède immédiatement dans le même vers.

> La Blanche Colombelle *belle*
> Souvent je vais priant, *criant*;
> Mais dessous la cordelle *d'elle*
> Me jette un œil friant, *riant*
> En me consommant *et sommant*.
>
> Clément Marot.

Marot sans doute a bonne grâce en toutes ces espiègleries, car, avec sa grande science et sa grande ignorance, il est naïf et presque divin. Il semble un jeune satyre jouant avec les cailloux polis et les herbes folles, moitié bête et moitié dieu, se composant des colliers de baies et de fruits sanglants et se tressant des couronnes de verdure avec l'ingéniosité compliquée d'un génie enfant. Mais il faut bien qu'un jour le chèvrepieds quitte la forêt sacrée, vienne au soleil de la vie parmi les hommes, sente d'avance le frémissement de ses ailes futures,

Et dans la sombre nuit jette les pieds du faune!
Victor Hugo, *Le Satyre*. La Légende des Siècles.

J'ai maintenant rempli le cadre que je m'étais tracé pour cette étude tout élémentaire; il s'agit de conclure en quelques lignes. C'est ce que je ferai, en essayant de condenser dans ces quelques lignes la pensée et l'essence même de tout ce qui précède, comme dans un court mémento, qu'on puisse relire en cinq minutes lorsqu'on voudra se remémorer les vérités évidentes et si connues des bons ouvriers en poésie, que j'ai eu le seul mérite d'enregistrer, sans prendre aucun souci de les concilier avec les niaiseries vulgairement admises. Car la Frosine de Molière peut seule [1] dire sans se vanter que, si elle se l'était mise en tête, elle marierait le Grand Turc avec la république de Venise. Et encore n'est-ce pas ce qu'elle aurait fait de mieux!

1. Molière. *L'Avare*, Acte II, Scène vi.

CHAPITRE XI

CONCLUSION

Parmi les lecteurs qui m'ont suivi jusqu'ici, il en est un peut-être, jeune fille ou jeune homme, que Dieu a destiné à devenir un poëte. C'est à cet être désigné et choisi entre tous que j'adresse les paroles suivantes, comme le conseil fraternel qu'on donne à un ami bien cher partant pour un combat incertain et périlleux.

Comme, en somme, ta poésie exprimera ton âme, on y verra se réfléter clairement les vices, les faiblesses, les lâchetés et les défaillances de ton âme. Tu tromperas les hommes peut-être, mais non pas la muse, que ne saurait duper ton hypocrisie. N'est pas poëte celui qui n'a pas le cœur d'un héros et que ne brûlent pas une immense charité et un immense amour. Tout ce que l'égoïsme ronge et détruit de toi, elle le ronge et détruit en même temps de ta poésie.

Sache bien que, quels que puissent être ton génie et ta science, tu ne saurais jamais parvenir à écrire de beaux poëmes sans un secours divin et surnaturel. Si donc il devait arriver un jour que tu dusses, comme saint Thomas, ne croire qu'à ce que tu touches, renonce franchement à l'art de la poésie. S'il te faut un signe évident de l'impuissance poétique de l'homme livré aux ressources de son infirme raison, lis les vers que M. Littré, ce savant infatigable, a publiés dans sa *Revue positiviste*. Mieux que je ne saurais le faire, ils te prouveront que, pour être poëte, savoir tout et ne savoir rien que cela, c'est ne rien savoir!

Il faut cependant savoir tout! Furetière [1], raillé à tort par La Fontaine, avait raison de vouloir que le poëte sût si le bois dont il parle est le bois de marmanteau ou bien le bois de grume. Tu ne connaîtras jamais trop bien l'histoire, les théologies, la philosophie, l'esthétique, les beaux-

---

1. Voyez *Recueil des Factums d'Antoine Furetière, de l'Académie Française, contre quelques-uns de cette Académie*, suivi des preuves et pièces historiques données dans l'édition de 1694, avec une introduction et des notes historiques et critiques par M. Charles Asselineau. — Paris, Poulet-Malassis et de Broise, 1859.

arts, les arts somptuaires et de décoration et les termes techniques de tous les métiers. Furetière avait désiré que le poëte appelât les choses par leur nom, et Théophile Gautier a réalisé son désir. Lorsqu'il décrit, par exemple, les merveilles de la sellerie arabe, c'est avec les termes qu'emploierait un sellier, ce qui ne l'empêche pas d'être le plus exquis et le plus délicat des poëtes.

Les imbéciles peuvent seuls avoir la prétention de tirer de leur âme les termes des sciences, des arts et des métiers qu'ils n'ont pas étudiés dans les ouvrages spéciaux. Toute école poétique périt, jamais par l'exagération de la splendeur ou de la préciosité, comme on le prétend toujours, mais par l'excès du vague et de la platitude. Ce vague et cette platitude sont engendrés par la seule ignorance. C'est elle qui arrive à créer cette phraséologie de convention et de lieux communs dont aucune école n'est exempte. L'admirable poésie du XIXe siècle a ses lieux communs aussi bien que la détestable poésie du XVIIIe siècle, et les uns ne valent pas mieux que les autres.

Sans la justesse de l'expression pas de poésie, et sans une science profonde, solide et universelle, tu chercherais en vain, sans les rencontrer jamais, le mot propre et la justesse de l'expression.

« Connais-toi toi-même, » dit le sage. Tu as un moyen infaillible de te connaître et de te juger toi-même. Toutes les fois qu'il t'arrive de plaire aux sots, à quelque degré que ce soit, sache bien que tu es tombé par quelque côté dans la vulgarité et dans la niaiserie. Ne dis pas alors : « Les sots m'admirent; c'est que mon génie les a vaincus, c'est qu'ils sont bien forcés de se rendre à l'évidence ! » Dis au contraire : « Les sots m'admirent; c'est que je commence à leur ressembler. » Tu n'as d'autres juges que les bons ouvriers et les maîtres de ton art, et tout encouragement qui ne vient pas d'eux est un piège tendu à ton amour-propre et à ta crédulité.

Dans la Poésie Française, la Rime est le moyen suprême d'expression et l'*imagination de la Rime* est le maître outil. Souviens-toi que, quand ta rime devient moins parfaite, c'est que ta pensée est moins haute et moins juste. Ne te dis pas hypocritement : J'ai sacrifié la Rime à la Pensée. » Dis-toi : « Mon génie est voilé, obscurci, puisque je vois s'obscurcir ce qui en est le signe visible. »

Ne te trompe ni sur ton art ni sur l'art en général. La poésie a pour but de faire passer des impressions dans l'âme du lecteur et de susciter des images dans son esprit, — mais non pas en décrivant ces impressions et ces images. C'est par un ordre de moyens beaucoup plus compliqués et mystérieux.

———

Si tu es doué et si tu as la grâce, quand tu auras meublé ton esprit de tous les mots que tu dois savoir, les impressions et les images se présenteront à lui accompagnées des mots et des sons et des assemblages de sons qui doivent les faire naître dans l'esprit des autres. Recueille-toi et écoute en toi-même.

Un poëte qui se borne à écrire les choses comme elles sont ressemble à un peintre qui copierait toutes les feuilles d'un arbre, ce qui ne donnerait à personne l'idée d'un arbre. Il faut, non qu'il représente l'arbre, mais qu'il le fasse voir.

Il faut que les sons soient toujours variés, harmonieux et pondérés, car le son a, comme la couleur, ses rappels et ses équilibres.

———

La vieille question de la Pensée et de la Forme

a toujours été non-seulement mal comprise, mais *retournée*. La Forme qui se présente à ton esprit est toujours la Forme d'une Pensée; mais un homme qui pense en mots abstraits n'arrivera jamais à traduire sa pensée par une forme. Tout au plus l'emprisonnera-t-il dans un lieu commun!

Sois varié toujours et sans cesse; dans la poésie comme dans la nature, la condition première et indispensable de la vie est la variété. Mais n'abuse pas, et je dirais presque, n'use pas — de l'antithèse. Pour comprendre à quel point c'est un moyen grossier et trop simple, rappelle-toi que tous les arts sont absolument similaires, et regarde quel effet on obtient en peinture avec l'antithèse nette, crue et *réelle!* Je dis : réelle, car tu peux, par un artifice, présenter l'apparence d'une antithèse, mais qui en effet sera adoucie par toutes sortes de préparations et de ménagements. Au contraire les similitudes, les gradations, les gammes de couleurs et de sons pareils sont le dernier mot de l'art; mais avec quelle délicatesse il faut toucher à ces effets, qui veulent une touche magistrale!

DE LA PRÉTENDUE ÉCOLE POÉTIQUE
dite : ÉCOLE DU BON SENS

Tu sais que la ridicule école dite : l'École du Bon Sens, n'a rien produit et ne pouvait rien produire. Molière, au premier acte des *Femmes Savantes*, en a dit la raison par la bouche de la dédaigneuse Armande :

Quand sur une personne on prétend se régler,
C'est par les beaux côtés qu'il lui faut ressembler[1],
Et ce n'est point du tout la prendre pour modèle,
Ma sœur, que de tousser et de cracher comme elle.

Molière, *Les Femmes Savantes*, Acte I, Scène II.

Or, les écoliers de l'École du Bon Sens n'ont pas fait autre chose que *de tousser et de cracher* comme Molière. C'est-à-dire que, se gardant bien d'imiter son art de peindre les caractères, son dialogue net, vrai, précis, éclatant, sa haute philosophie et ses belles inventions comiques, ils ont platement reproduit ses archaïsmes et LE JAR-

---

1. Ces deux vers, reproduits dans toutes les éditions, ont été arrangés par Boileau. Voici la première rédaction telle qu'elle avait été faite par Molière :

Quand sur une personne on prétend s'ajuster,
C'est par les beaux côtés qu'il la faut imiter.

Note de M. Charles Louandre dans son édition de Molière. (Charpentier, 1862.)

GON que lui reprochent justement ses contemporains les plus illustres.

Qu'est-ce que LE JARGON de Molière?

Voici comment s'exprime le doux, l'indulgent Fénelon :

« Mais enfin (dit-il), Molière a ouvert un che-
« min tout nouveau. Encore une fois, je le trouve
« grand. Mais ne puis-je parler en toute liberté
« sur ses défauts? En pensant bien, *il parle sou-
« vent mal. Il se sert des phrases les plus forcées
« et les moins naturelles.* Térence dit en quatre
« mots avec la plus élégante simplicité ce que
« celui-ci ne dit qu'avec une multitude de méta-
« phores *qui approchent du galimatias.* J'aime
« bien mieux sa prose que ses vers. Par exem-
« ple, *L'Avare* est moins mal écrit que les pièces
« qui sont en vers. Il est vrai que la versification
« française l'a gêné. Il est vrai même qu'il a
« mieux réussi pour les vers dans l'*Amphitryon*,
« où il a pris la liberté de faire des vers irrégu-
« liers. Mais en général il me paraît jusque dans
« sa prose ne parler point assez simplement pour
« exprimer toutes les passions. »

FÉNELON. Lettre écrite à l'Académie Française sur l'éloquence, la poésie, l'histoire, etc. [1].

[1]. *Traités sur l'éducation des filles et Dialogues sur l'éloquence*, par Fénelon, suivis d'une *Lettre à l'Académie française* et pré-

Après ce grand homme, écoute La Bruyère :
« Il n'a manqué à Térence que d'être moins
« froid ; quelle pureté, quelle exactitude, quelle
« politesse, quelle élégance et quels caractères !
« Il n'a manqué à Molière que d'éviter LE JARGON
« ET LE BARBARISME et d'écrire purement ; quel
« feu, quelle naïveté, quelle source de la bonne
« plaisanterie, quelle imitation des mœurs, quelles
« images et quel fléau du ridicule ! mais quel
« homme on aurait pu faire avec ces deux co-
« miques ! »

LA BRUYÈRE. *Des Ouvrages de l'esprit.* Les Caractères, ou les Mœurs de ce siècle.

Dans les notes de sa belle édition de La Bruyère, publiée par Alphonse Lemerre (1871), un de nos critiques les plus érudits et les plus sagaces, M. Charles Asselineau, dit : « Ce jugement sur
« Molière a scandalisé beaucoup de gens qui
« n'admettent pas les restrictions quand il s'agit
« des écrivains consacrés. Des esprits conciliants,
« pour relever La Bruyère de l'anathème, ont
« essayé de prouver que ces mots de « jargon »
« et de « barbarisme » ne s'appliquaient dans les
« œuvres de Molière qu'au langage patoisé ou bar-

cédés d'une Introduction par M. Silvestre de Sacy, de l'Académie française. Paris, Léon Techener, libraire, 52, rue de l'Arbre-Sec. — 1870.

« bare des paysans ou des étrangers. C'est là,
« selon moi, une bien petite explication, » etc.,
et dans le même morceau, parlant du jugement
de Fénelon sur Molière, que j'ai cité plus haut,
M. Charles Asselineau ajoute : « Est-il besoin
« d'aller bien loin pour excuser Fénelon? Et la
« mémoire ne nous rend-elle point des expres-
« sions, des vers qui le justifient? N'est-ce point
« du jargon que les *traîtres appâts* qui *suivent en*
« *tous lieux* Célimène; que les *indignes fers* et les
« *flammes couronnées* qui reviennent fréquem-
« ment aux endroits les plus pathétiques et dans
« les œuvres les plus admirées du grand comi-
« que? Langage du temps! me dira-t-on. Sans
« doute, et pour ma part je ne suis nullement
« choqué de l'y rencontrer. Un auteur de théâ
« est plus que tout autre sujet à employer le lan-
« gage courant pour être mieux et plus vite com-
« pris de son public. » (*Notes du Tome Premier.*)

Certes, Molière est excusable d'avoir les défauts de son temps; mais que penser de ceux qui
rééditent ces défauts après deux siècles, et qui ar-
borent sur leur visage le spectre d'une difformité et le fantôme d'une verrue!

———

Ce n'est pas à moi (ni à toi) de juger notre

maître et de savoir s'il y a des tares dans les diamants de Victor Hugo. Quoi qu'il en soit, il résume en lui la dernière perfection, la force créatrice de notre poësie épique, lyrique et dramatique. On est poëte en raison directe de l'intensité avec laquelle on admire et on comprend ses œuvres titaniques.

Les impuissants et les paresseux, qui ne seraient pas fâchés d'avoir l'original et touchant génie d'Alfred de Musset, ont inventé de l'opposer à Hugo, pour se dispenser de travailler, parce qu'il leur est plus facile d'imiter les fautes de rime et les négligences voulues du poëte de *Rolla* que d'apprendre leur métier. Quant à Lamartine, dont les dons uniques furent une inspiration inimitable et un sens musical prodigieux, ceux qui prétendent étudier quelque chose chez lui sont des farceurs ou des jocrisses.

———

Et adieu! sois simple, bon, enthousiaste, épris du beau, humble de cœur, et ne te laisse pas renvoyer à l'ignorance sous prétexte de naïveté. On ne redevient pas naïf parce qu'on est resté ignorant. Pas plus qu'un vieillard habillé en poupon ne redeviendrait pour cela un enfant aux lèvres roses! Et surtout, sois bien persuadé que moi qui ai prétendu t'enseigner quelques-uns des éléments de notre art, je n'ai sur toi d'autre avantage (si c'en est un), que d'être un vieil écolier.

Hélas! qui sait mon infirmité mieux que moi? Pour t'en donner une seule preuve, j'ai indiqué au Chapitre Premier (page 14) le vers de neuf syllabes avec deux césures, l'une après la troisième syllabe, l'autre après la sixième syllabe, — comme étant le seul vers de neuf syllabes qui existe. Eh bien! je viens de m'apercevoir à ce même instant qu'on peut faire un très-excellent VERS DE NEUF SYLLABES, AVEC UNE SEULE CÉSURE APRÈS LA CINQUIÈME SYLLABE! comme en voici l'exemple, qui eût gagné à être mis en œuvre par un ouvrier plus habile que je ne le suis.

VERS DE NEUF SYLLABES, AVEC UNE SEULE CÉSURE PLACÉE APRÈS LA CINQUIÈME SYLLABE

Le Poète.

En proie à l'enfer — plein de fureur,
Avant qu'à jamais — il resplendisse,
Le poëte voit — avec horreur
S'enfuir vers la nuit — son Eurydice.

Il vit exilé — sous l'œil des cieux.
Les fauves lions — avec délire
Écoutent son chant — délicieux,
Captifs qu'a vaincus — la grande Lyre.

Le tigre féroce — avait pleuré,
Mais c'était en vain, — il faut que l'Hèbre
Porte dans ses flots — mort, déchiré,
Celui dont le nom — vivra célèbre.

Puis divinisé — par la douleur,
A présent parmi — les Dieux sans voiles,
Ce charmeur des bois, — cet oiseleur
Pose ses pieds blancs — sur les étoiles.

Mais l'ombre toujours — entend frémir
Ta plainte qui meurt — comme étouffée,
Et tes verts roseaux — tout bas gémir,
Fleuve qu'a rougi — le sang d'Orphée!

Il ne me reste plus qu'à te demander ton indulgence, mon frère, et à te dire : Excuse les fautes de l'auteur!

PIERRE DE RONSARD

PIERRE DE RONSARD

1524--1585

En tête de l'édition de 1623, publiée par Nicolas Buon, on voit encadrées dans une bordure de rinceaux sur lesquels retombe élégamment une lourde guirlande de fruits et de fleurs, les effigies de Pierre de Ronsard et de sa Cassandre. L'amante du poëte est, comme lui, représentée de profil. Elle est coiffée, ainsi qu'une hétaïre de Corinthe, d'une manière compliquée et savante, avec des bandeaux en ondes qui se terminent par une frisure très-crêpée, tandis que la chevelure, disposée par derrière en rouleaux et en torsades relevés en l'air, se pare d'un diadème à plaques oblongues délicatement ciselées et d'une féronnière de perles. La belle Cassandre, avec son long col héroïque, avec sa gorge nue que laisse voir une draperie ouverte, donnerait à peu près l'idée d'une femme grecque, si l'œil beaucoup plus grand, la lèvre plus charnue, la ligne droite du nez un peu plus inclinée que dans les statues, n'offraient ce caractère d'étrangeté naïve qui n'a manqué à aucune des figures de la Renaissance.

Sur la noble poitrine de celle que le poëte nomme sa guerrière, tombe un éclatant joyau suspendu à une chaîne d'or, comme l'insigne de quelque ordre d'amour chevaleresque. Telle, en effet, devait être représentée la première muse de Ronsard. Pour lui, vêtu à l'antique d'une sorte de cuirasse d'or niellé sur laquelle se drape fièrement un manteau à dentelures, coiffé d'un grand laurier, posé comme un triomphateur et comme un demi-dieu, il apparaît dans cette estampe avec l'attitude que lui conserveront, malgré tout, les âges futurs. Après avoir été l'idole de la France entière, Ronsard a pu trouver l'oubli et l'indifférence; sa statue, renversée du haut piédestal sur lequel elle semblait avoir été dressée pour jamais, a pu être traînée dans la fange et y rester ensevelie pendant des siècles; mais du jour où une main pieuse l'arrachait à l'infamie, elle s'est relevée idole. Car ce ne peut être en vain que Ronsard a été sacré prince des poëtes, et que Marguerite de Savoie, Marie Stuart, la reine Élisabeth, Charles IX, Le Tasse, Montaigne, de Thou, L'Hospital, Du Perron, Galland, Passerat, Scaliger ont reconnu à l'envi cette royauté. Mais soit à ses heures de martyre, soit à ses heures de victoire, il ne sera jamais un poëte populaire, précisément à cause de ce costume triomphal sous lequel il se présente orgueilleusement à notre admiration. Une telle allure est toute hostile au génie français, qui voit dans son poëte non pas un combattant victorieux, mais un affranchi d'hier bernant ses maîtres et les dominant par la fine raillerie, tout en ayant l'air de leur obéir.

C'est ce que prouve notre comédie, où l'imagination, l'esprit et le talent de l'invention appartiennent exclusivement aux valets, tandis que les maîtres, de Valère à Almaviva, sont toujours de superbes niais dont tout le mérite consiste dans un habit brodé. En ce qui touche la poésie, nulle nation plus que la France n'est haineuse de l'étranger et ennemie de toute tentative de renouvellement par un élément extérieur. Aux époques mêmes dont le retour est fatal, et où la séve poétique usée mourrait nécessairement sans une transformation salutaire, la France ne pardonnera pas aux courageux novateurs qui l'auront sauvée par ce secours antinational. Elle a beau reconnaître sa mère spirituelle dans la Grèce antique, elle ne veut rien devoir même à cette mère si riche; elle aime mieux languir, périr s'il le faut, en restant elle-même. Il faut que son poëte s'appelle Jean Bonhomme, qu'il ait la malice et l'aimable ironie du prolétaire, mais elle ne le reconnaîtra jamais sous l'ambitieuse figure d'un Pindare. Ce rôle impérieux, nécessairement voulu par celui qui le joue, d'un poëte s'assimilant aux rois et aux Dieux, ayant la conscience de sa haute mission et traitant d'égal à égal avec les grands de la terre, lui est particulièrement hostile, car, toujours courbée sous un maître, elle sent que son véritable avocat est le railleur, en apparence naïf, qui cache ses armes terribles sous une bonhomie d'emprunt. Pour réussir chez elle, il ne suffit pas qu'Apollon exilé du ciel se fasse berger, il faut encore qu'il se fasse peuple, et ne réclame sa place dans aucune aristocratie. Ses favoris se nommeront Villon, Marot, Rabelais, Regnier, La Fontaine, Molière, et non pas Ronsard, Baïf, Du Bellay, Desportes, Belleau, Corneille, Racine ; roi et peuple, chacun fait, d'instinct et sans se tromper jamais, le triage de ses soldats.

Après trois siècles d'intervalle, rien n'a changé ; les successeurs de Marot et ceux de Ronsard sont en présence, et il n'est pas besoin de demander de quel côté se rangent les sympathies de la foule. Nulle part ailleurs que chez nous n'existe cette tradition d'une poésie qui représente le génie populaire de la patrie ; le bon sens public affirme que tout emprunt à une littérature étrangère est pour elle une menace de destruction, et aussi chaque tentative de ce genre soulèvera-t-elle une réprobation générale, comme nous l'avons vu en 1830, malgré l'immense talent des hommes qui essayaient alors de rajeunir notre art épuisé aux grandes sources de la poésie lyrique et dramatique. Par la même raison, les héroïnes d'amour idéales et sublimes, les Cassandre, les Marie, les Hélène de Surgères, les Laure, les Éloa, les Elvire ne réussiront jamais devant notre public. Il sent très-bien que cette exaltation de l'amour élevé menace dans son existence la vieille farce gauloise au gros sel, le joyeux conte des commères aux francs ébats, grâce auquel il proteste contre les idées de renoncement et de sacrifice dont tous les gouvernements se sont fait un moyen de répression. Alix, Isabeau et Alison seront toujours chez nous les bonnes amies du populaire, et il ne pardonnera jamais à Béatrix la dédaigneuse allure de sa silhouette aristocratique, découpée en plein azur.

D'autre part, et par une antithèse dont la logique est absolue, les poëtes devinent que cette tension perpétuelle vers un but défini, cet acharnement à se nourrir de sa propre substance, impliquent la mort même de leur art, la négation de toute poésie lyrique, et aboutissent forcément à la satire, au pamphlet, à la prose et à tout ce qui a pour effet nécessaire de remplacer la lyre par un paquet de plumes et la chanson par une poignée de verges. Aussi leur persistance à retourner vers le courant épique et lyrique est-elle pour le moins égale à celle que la nation met à repousser cette révolution toujours imminente. De là entre le poëte et son public un dissentiment nécessaire et inguérissable; cette divergence d'idées explique bien des choses dans notre littérature, mais elle explique surtout le succès et la chute de Pierre de Ronsard, succès fait par les érudits, par les reines, par les grands seigneurs, chute amenée par l'antipathie profonde dont nous poursuivons l'art élevé, la langue des images, la poésie pindarique. Et cette question serait mal comprise si l'on ne se rendait un compte exact de l'action prodigieusement exceptionnelle de Boileau, qui, en attaquant Ronsard et ses émules, est allé directement contre son rôle de poëte classique; mais une telle injustice s'explique de reste par l'impuissance lyrique du grand écrivain qui a pu composer l'ode sur la Prise de Namur et le sonnet sur la Mort de la jeune Oronte. Même en des matières où sa partialité ne saurait être mise en doute, le jugement de ce critique a fait foi, et la postérité a pris au sérieux son prétendu mépris pour « le clinquant du Tasse. » Il serait aussi raisonnable de dédaigner les raisins sur le témoignage du renard, et aussi une pareille confusion n'aurait jamais pu s'établir, si la haine de Boileau ne se fût trouvée justifiée par un merveilleux accord avec le sentiment national. Ronsard a été un lyrique, le premier et le plus convaincu de nos lyriques ; de là sa gloire et son opprobre ; de là les honneurs qui en ont fait un demi-dieu ; de là aussi les injustices qu'il a subies et le mépris où il est tombé. Nul ici-bas ne porte en vain les insignes d'une royauté ; il n'est guère de triomphe qui ne doive être expié un jour par des affronts cruels. Ce retour nécessaire et forcé des choses de ce monde a été exprimé dans une forme impérissable par cette strophe du grand poëte :

Leurs mains ont retourné ta robe dont le lustre
    Irritait leur fureur ;
Avec la même pourpre, ils t'ont fait vil d'illustre
    Et forçat d'empereur !

Le crime de Ronsard, celui qui ne pourra lui être pardonné, c'est d'avoir fait le personnage d'un prince des poëtes sans avoir été en effet un homme de génie. Son excuse, c'est qu'il accomplit une œuvre nécessaire, indispensable, fatale; fatale plus qu'on ne pense, car on ne sait pas assez comment chaque poëte vient à son heure, pour remplir une mission définie d'avance et à laquelle ni les circonstances ni lui ne peuvent rien changer. Les uns, et ceux-là sont les heureux entre tous, ont été élus pour achever les poëmes définitifs et durables; d'autres n'apparaissent que pour préparer la venue de ceux qui suivront, et nul travail humain ne modifierait cet ordre providentiel. La poésie de Ronsard et de Du Bellay ne pouvait pas plus donner les résultats définitifs que le Drame réalise au XVII° siècle et l'Ode au XIX°, que la monarchie de Charles IX ne pouvait être celle de Louis XIV. Les faits de l'histoire littéraire s'enchaînent aussi impérieusement que les faits de l'histoire politique; et biffer, à l'imitation de Malherbe, l'œuvre poétique de Ronsard, ce serait renoncer à sa succession littéraire, c'est-à-dire à tout ce que notre époque a produit de plus beau. Malherbe le pouvait, lui qui à aucun titre ne fut un prophète, et qui n'eut pas même l'instinct des choses à venir; mais nous, qui avons pu recueillir la moisson mûre, comment oserions-nous proscrire celui qui fut le laboureur et le semeur? Il n'est plus temps de nous contenter d'opinions toutes faites par les deux cruels critiques, puisque l'histoire, le temps, la voix universelle ont jugé après eux et mieux qu'eux. Mais pour certains esprits routiniers, l'affirmation d'un vers proverbe prévaudra toujours même sur le dernier mot donné par les événements, et Boileau dont ses admirateurs n'apprécient le plus souvent ni le talent d'observation ni la verve comique, est surtout glorifié par eux, parce qu'il leur évite la peine de penser.

Un immense effort avorté, un prodigieux élan d'enthousiasme stérile, tel est en effet le caractère sous lequel nous apparaît la vie de Ronsard, si nous ne voulons pas comprendre combien de récentes victoires lui sont dues. Il nous a donné le nom de l'Ode, et l'ode elle-même; pour cela seulement ne mériterait-il pas des statues, comme un roi? Ronsard arrive et trouve table rase; la corde de Villon est rompue à jamais, le plaisant Marot ne chante plus, la frivolité des poëtes français oblige les grands esprits à écrire en langue latine; qui donnera la formule d'un art nouveau? Cette formule, ce n'est rien et c'est tout; elle se résume à ceci : n'écrivons pas en latin, mais imitons les Latins eux-mêmes en nous désaltérant comme eux à la source grecque! Ce n'est pas assez de traduire l'Iliade, comme

l'a fait Hugues Salel; faisons nous-mêmes des
Iliades! Reprendre la tradition poétique à son
aurore et la rendre vivante par une originalité
tout actuelle, c'est le vrai, l'unique procédé
pour produire des chefs-d'œuvre. N'est-ce rien
que de l'avoir proclamé et prêché d'exemple? Une
telle vérité est en tout temps si audacieuse, si
difficile à faire entrer dans les cerveaux rebelles,
que les littératures périssent toujours du même
mal, c'est-à-dire en retombant dans l'imitation
des imitateurs. Quand tout est perdu, quand il
n'y a plus rien, le poëte, comme Antée, est sûr
de retrouver toutes ses forces en touchant la
terre de poésie, en demandant le principe de
vie aux génies originaux. Homère! Pindare!
s'écrie le jeune Ronsard qui cherche un monde,
et qui pourra tout au plus entrevoir le rivage du
nouvel univers. Il écrira une Iliade impossible,
des odes pindariques incomplètes et toutefois
bien supérieures au jugement que les critiques
ont porté sur elles; mais il donnera une saveur
homérique à ses élégies et surtout à ses sonnets,
où il croit n'imiter que Pétrarque; mais il sera
pindarique et lyrique dans ses odelettes amoureuses; mais il aura dessiné une forme de grande
strophe que le xixe siècle trouvera toute armée
pour le combat. De la vieille poésie indigène il

ne laisse pas tout, bien loin de là; il lui prend le trait naïf, la grâce familière, le tour rapide, mille qualités qui sont comme le duvet et la fleur de sa poésie brillante. Mais il demande à l'antiquité le secret d'un art qui, tout en prenant l'homme pour son sujet, n'en fait pas une figure isolée dans la nature vivante; l'image renaît, le paysage, non pas copié chez les Latins ou chez les Grecs, mais vu et étudié directement par un observateur sensible au pittoresque, s'associe à la passion humaine; avec la voix du chanteur le ruisseau gémit, l'arbre soupire, l'oiseau chante, et les soleils couchants, les rayons du jour, les aurores prêtent leurs flammes aux jardins émus où passent les belles Grecques, vêtues, à la façon du xvie siècle, d'étoffes aux larges flots, retenues par quelque lien superbe. Les ors, les pierreries, l'azur du ciel, l'écarlate et la pourpre des fleurs apparaissent dans le vers en même temps que les lèvres et la chevelure de la bien-aimée auxquelles ils prêtent leurs vives couleurs, et animent ces descriptions où resplendissent à la fois une femme souriante et l'Éden verdoyant qui nous entoure. Comme dans la Léda de Vinci, l'hymen entre la nature et la race humaine est de nouveau consommé; de l'embrassement qui unit une femme avec le cygne mélodieux va naître la nouvelle Hélène, pour jamais rajeunie dans un flot d'éternité. Elle se nommera Cassandre, Marie, Hélène, immortelle figure à la fois idéale et réelle, que les neveux de Ronsard célèbrent encore sur la même lyre, dont l'harmonie enchantée ne peut plus s'éteindre! Homère et Pindare! en les sentant là sous nos mains, assurés que nous sommes de les posséder à jamais, pouvons-nous deviner l'ivresse de ceux qui les arrachaient à l'épouvantable nuit du moyen-âge! Retrouver non plus les Iliades apocryphes de Darès le Phrygien et de Dictys le Crétois, non pas les romans troyens de Benoît de Sainte-Maure et de Columna, non pas la version byzantine, non pas les essais de Jehan Samson et de Jean Lemaire, mais la vraie Iliade léguée aux âges par Périclès et Alexandre le Grand, mais l'Iliade de Rabelais et de Budé, celle que Pétrarque éperdu rend à l'Italie, celle qui ne périra plus jamais, revoir non plus le chevalier Hector mais le fils de Priam lui-même dans tout l'éclat de sa gloire farouche, quel triomphe et quelle joie!

Qui ne serait saisi de respect en se représentant Baïf, Ronsard et Turnèbe étudiant, commentant, devinant le texte sacré et lui demandant l'initiation, l'intelligence du beau! Sans doute il eût mieux valu ne pas s'en inspirer pour écrire *La*

Franciade, mais nous en parlons bien à notre aise dans un siècle où la Critique, parvenue à son âge viril et appuyée sur des renseignements innombrables, découvre enfin les solutions les plus ardues! La chaîne des vérités est dans nos mains et se déroulera sans effort, mais qu'il a fallu de peines pour en découvrir le premier anneau! Grâce aux investigations de poëtes critiques, dont les travaux si vastes nous permettent d'embrasser à la fois et d'un seul coup d'œil toute l'histoire de l'art, le plus mince écolier sait aujourd'hui quels obstacles invincibles s'opposent à l'éclosion d'un poëme épique en dehors des âges primitifs d'un peuple, et comment, si, par impossible, nous devions tenter de créer aujourd'hui une épopée française, ce serait en remontant aux poëmes d'Arthur ou à ceux du cycle carlovingien. Placé à la tête d'une pléiade qui avait pris pour sa devise le mépris du profane vulgaire, entouré d'érudits qui se préoccupaient des origines troyennes de la France, Ronsard put croire à la nationalité de son sujet; et, à cette cause d'illusion se joignait l'orgueil de race, car une des branches de sa famille habitait encore non loin de Sycambre, où il fait aborder son héros Francion. Son épopée eût-elle été acceptable, il lui aurait encore manqué, pour la mener à bonne fin, un Auguste, car c'est en vain qu'il tâche de réveiller pour elle l'indifférence des rois. Quant à demander son argument à nos chroniques, des étrangers seuls ont dû croire que Ronsard le pouvait, au XVI° siècle. On sait que lors de la publication des œuvres inédites de Ronsard, recueillies par M. Prosper Blanchemain, et aussi à propos d'une étude sur notre poëte considéré comme imitateur de Pindare et d'Homère, par M. Eugène Gandar, ancien membre de l'École française d'Athènes, le plus illustre de nos critiques a donné sur Ronsard une nouvelle appréciation, composée, comme sa première et si célèbre étude, avec infiniment de tact, de goût et de mesure. Dans ce récent travail, M. Sainte-Beuve réfute péremptoirement, mais, ce me semble, avec un peu de complaisance, le reproche fait au poëte de *La Franciade* par les Schlelgel et par Mickiewicz. Il se donne la peine, selon moi superflue, d'expliquer comment il fut impossible à Ronsard de puiser dans nos anciens poëmes de chevalerie. « Au moment où s'essaya Ronsard, dit-il, la tradition du moyen âge était chez nous toute dispersée et rompue, sans qu'il eût à s'en mêler; ces grands poëmes et chansons de geste, qui reparaissent aujourd'hui un à un dans leur vrai texte, grâce à un labeur méritoire, étaient tous en manuscrit, enfouis dans les bibliothèques et complétement oubliés ; on n'aurait trouvé personne pour les déchiffrer et les lire. » Rien à répondre à un raisonnement si juste. Et d'ailleurs qu'importe si Ronsard n'a pas pu puiser *lui-même* aux véritables sources de notre poésie épique? Il aura fourni sa langue colorée, sa versification éclatante et solide à celui de nos écrivains à venir qui fera pour nous l'œuvre rêvée par Brizeux et exécutée en Angleterre par Tennyson, de la renaissance chevaleresque. Il ne faut pas voir chaque homme comme un tout fini et isolé dans cette grande famille solidaire des poëtes où chacun hérite de l'autre, et où le vainqueur d'aujourd'hui peut devoir ses plus brillants faits d'armes à l'armure solide et impénétrable qu'il a héritée de son aïeul.

Pour moi, je ne saurais songer sans admiration au moment où, selon la belle expression de Du Verdier [1], on vit une troupe de poëtes s'élancer de l'école de Jean Daurat comme du cheval troyen. Page de cour à neuf ans, après avoir suivi le roi Jacques en Écosse, Lazare de Baïf à Spire et Langey en Piémont, Ronsard, atteint de cette bienheureuse surdité tant célé-

---

1. Cité par M. Sainte-Beuve.

brée par ses contemporains, trouve à dix-huit ans le courage de s'enfermer avec Baïf, Belleau et Muret, au collége Coqueret, sous le savant Jean Daurat. Pendant sept ans entiers il étudie, renonçant aux succès de cour, aux aventures galantes, à tous les amusements de la jeunesse. Il revient à la cour, fameux déjà, proclamé par les jeux Floraux prince des poëtes. Comblé de bienfaits par Charles IX, universellement loué et admiré, il crée sa pléiade poétique où brillent, à côté du sien, les noms d'Antoine de Baïf, de Daurat, de Du Bellay, de Remi Belleau, de Jodelle et de Pontus de Thiard. Marguerite de Savoie et Marie Stuart l'ont accueilli, la France l'acclame, il s'avance résolûment vers les conquêtes futures dont Du Bellay a sonné la belliqueuse fanfare en publiant son *Illustration de la langue françoise*. Chose étrange! c'est au nom de la langue française que Ronsard organisait la révolte, et c'est au nom de la langue française que le xviie siècle l'a condamné. Il a été victime d'un malentendu qui peut se perpétuer encore faute de bon sens et de bonne foi, et surtout il a été victime de sa fécondité, car une des premières conditions du succès est d'avoir écrit en tout un petit volume. Les trois manières de Ronsard, ses *Amours de Marie*, commentés par Belleau ; ses *Amours de*

Cassandre, qui demandaient pour être expliqués la plume plus grave de Muret; son *Bocage Royal,* sa *Franciade,* ses *Églogues,* le *Discours sur les Misères de ce temps,* les *Gaietés,* les *Mascarades,* cette œuvre innombrable, ce labeur d'un demi-siècle épouvantent la critique paresseuse. Combien notre auteur ne serait-il pas loué s'il n'eût écrit que l'ode à l'Hospital ou les fameux vers aux calvinistes, approuvés par M. Nisard lui-même :

Christ n'est que charité, qu'amour et que concorde...

En mainte de ces pages, inspirées par les déchirements de la patrie, il se montre courageux et lucide penseur; mais dans les odes nous retrouvons un poëte aussi grand, uni à un artiste prodigieux. Tant de rhythmes créés pour ainsi dire du néant, reproduisant l'aspect, le mouvement général des rhythmes latins et grecs, mais tout à fait appropriés à la langue française, ces strophes dont la forme est trouvée à mesure que le poëte en a besoin, effraient l'esprit par la quantité de travaux que leur arrangement a demandés, surtout par la force créatrice, par le rare instinct qui a présidé à des combinaisons si diverses ! On n'ose y songer; depuis Ronsard, nous n'avons réellement rien imaginé en fait de rhythmes d'ode; à peine avons-nous retourné, défiguré, inutilement modifié ses créations savantes. Bien plus, nous n'avons même pas su nous approprier toutes les coupes de ce grand métrique; beaucoup de ses strophes, et des plus belles et des plus riches en effets harmoniques, ont été abandonnées à tort ou par impuissance, car il est plus difficile qu'on ne pense de toucher adroitement à ces armes si légères! On sait que le prince des poëtes décréta la suppression de l'hiatus et l'entrelacement régulier des rimes masculines et féminines; mais, par malheur, on a été plus royaliste que le roi en se privant de certains rhythmes exquis, ou composés seulement de rimes d'un seul sexe, en offrant des rencontres de rimes diverses du même sexe. On est devenu timoré, hésitant, timide, faute d'habileté. En ouvrant le livre des *Odes,* ne croit-on pas entrer dans un de ces ateliers d'orfévres florentins où les buires, les bassins, les amphores, les chandeliers fleuris, les élégants poignards accrochent la lumière sur les fins contours de l'or ciselé? Mais Ronsard ne nous a pas donné que des rhythmes! Il nous a appris, et le premier de tous depuis les anciens, que la poésie peut arrêter des lignes, combiner des harmonies de couleur, éveiller des impressions par les accords des syllabes. Grâce à lui, nous avons su qu'elle est un art musical et un art plastique, et que rien d'humain ne lui est étranger. Tout l'art lyrique moderne, cet art profond et terrible qui ne s'en tient jamais à la lettre, mais qui émeut l'âme, les fibres, les sens, avec des moyens de peinture, de musique, de statuaire; cette magie, qui consiste à éveiller des sensations à l'aide d'une combinaison de sons et qui rend une forme visible et sensible comme si elle était taillée dans le marbre ou représentée par des couleurs réelles, cette sorcellerie grâce à laquelle des idées nous sont nécessairement communiquées d'une manière certaine par des mots qui cependant ne les expriment pas, ce don, ce prestige, c'est à Ronsard que nous le devons. A en croire la critique routinière, qui agite d'âge en âge le même flambeau éteint, le bagage de Ronsard se composerait justement de dix-huit vers; il y a dans le seul recueil des Odes quarante pièces égales à la fameuse odelette *Mignonne, allons voir si la rose,* autant de diamants purs, autant de perles exquises, autant de chefs-d'œuvre taillés de main d'ouvrier dans une matière durable. L'abus de la pompe, du grandiose, de l'image, en un mot, tel est le grand reproche adressé sans relâche à Ronsard.

> Ce style figuré, dont on fait vanité,
> Sort du bon caractère et de la vérité,

a dit Molière en deux mauvais vers, qui eux-mêmes sortent autant que possible du bon caractère. De quel bon caractère? de quelle vérité? Le désordre apparent, la démence éclatante, l'emphase passionnée sont la vérité même de la poésie lyrique. Notre vers de théâtre du xviie siècle, si pur, si net, si habile à exprimer la passion dramatique, ne sera que froideur et néant si vous l'appliquez à l'ode. Ronsard tombe dans l'excès des figures et de la couleur; le mal n'est pas grand, et ce n'est pas par là que périra notre littérature. Nos meilleurs critiques, prosateurs par profession, se sont trompés là-dessus du tout au tout. Chose inouïe à dire, ils ont péché par ignorance, car en français, ce qui est vrai pour la prose ne l'est jamais pour la poésie. Aux plus mauvais jours, quand elle expire décidément, comme par exemple sous le premier empire, ce n'est pas l'emphase et l'abus des ornements qui la tuent, c'est la platitude. Le goût, le naturel sont de belles choses assurément, moins utiles qu'on ne le pense à la poésie. Elle vise à émouvoir le cœur et les sens, bien plus qu'à satisfaire l'esprit. Et, pour accepter même le terrain du drame, le *Roméo et Juliette* de Shakspeare est écrit d'un bout à l'autre dans un style aussi affecté que celui du marquis de Mascarille; celui de Ducis brille par la plus heureuse et la plus naturelle simplicité. La différence reste chez nous si grande et si absolue entre la langue parlée et la langue chantée que ce qui est dans l'un des genres une qualité précieuse devient, dans l'autre, une infirmité déplorable. Ronsard n'a pas connu le doute railleur, l'esprit incisif et ironique ; il est tout enthousiasme, et par cela même il prouve qu'il est né poëte. N'oublions pas pourtant que son plus chaud défenseur a relevé chez lui par milliers des traits exquis de naturel et de naïveté qui font songer involontairement à Marot et à La Fontaine. Mais avec l'allure fière de sa strophe, avec l'élan de son vers toujours gracieux et superbe, il aurait pu se passer de ce mérite, et rester encore un puissant créateur, un ouvrier accompli. Et pourtant, des qualités si magistrales ne l'ont pas sauvé.

La croisade entreprise par Pierre de Ronsard et par ses amis ne pouvait pas aboutir, c'est convenu, et ne suffit-il pas de dire qu'elle devait se terminer comme toutes les croisades ? On s'élance vers l'Orient pour y conquérir le tombeau d'un Dieu ; on en rapporte des fleurs, des fruits, une architecture, des arts de loisir et d'élégance, rien de ce qu'on allait y ravir. Ainsi Ronsard cherche l'ode olympique, l'épopée; mais comment pourrait-il créer des Iliades? les Iliades sont achevées par ceux qui les font sans s'en douter, sans vouloir les faire; le génie est éminemment inconscient; ni les Homère ni les Dante ne font leur programme. Lui, au contraire, il en a fait un; il s'est proposé un but, cela montrait assez qu'il ne l'atteindrait pas. Les conquérants eux-mêmes, ceux que Dieu a marqués du signe impérieux, n'accomplissent jamais l'œuvre qu'ils avaient rêvée, mais à leur insu, malgré eux, ils en accomplissent une autre, car à la Providence seule il appartient de faire des plans. A ce moment-là, tout étant épuisé, il fallait un grand homme dont la vie fût employée à l'ébauche d'une langue nouvelle, et qui entassât les trésors au hasard, n'ayant pas le temps de choisir; ce héros martyr, sacrifié d'avance, fut Ronsard. Tel rêve de découvrir une Amérique et trouve un passage nouveau pour aller aux Indes; tout en l'ignorant, il marchait vers sa destinée. Ronsard n'a pas ressuscité les Pythiques, et toutefois le luth de Cherouvrier, celui de Marie Stuart et ses chansons mises en musique par Jean de Maletty peuvent lui faire croire à la renaissance de la poésie chantée, comme les déesses du Louvre et de Fontainebleau peuvent lui donner l'enivrante illusion d'un Olympe. Il n'a pas ressuscité les Pythiques, mais il nous a légué la langue actuelle, la *pâte* même de la poésie élevée. L'argile que nous modelons, le marbre que nous taillons sont tout à fait siens, le marbre et l'outil ! Il eut *la grecque fureur*, l'amour de Dieu, l'enthousiasme de la gloire, une âme pindarique plus que ses œuvres. Mauvais flatteur et trop indépendant pour se concilier longtemps la faveur des cours, Ronsard finit disgracié, revenu aux grandes pensées, et, après avoir trouvé des plaintes éloquentes sur les malheurs des Français châtiés par leurs mains, il termine sa vie par une belle mort chrétienne digne de l'antiquité, à Saint-Côme, entouré des religieux et dans les bras de son ami Galland. Il expira en héros, en sage, pardonnant à tous et n'ayant jamais nui à personne. A peine est-il couché dans le cercueil, c'est dans toute la France comme un long cri de douleur et d'angoisse. Du Perron, Claude Binet, Daurat, Baïf, Amadis Jamyn, Scævole de Sainte-Marthe, Galland, Bertaut, Claude Garnier, tous les poëtes les plus éminents se piquent d'émulation pour élever à Ronsard un tombeau qui brave les âges, et, en grec, en latin, en italien, on le chante, on le glorifie pour recommander à la postérité équitable le soin de sa renommée. La postérité n'a pas accepté le legs; elle a renié ce créateur sans lequel elle n'aurait eu ni Corneille, ni Malherbe, ni Chénier, ni les modernes! Un jour, redevenue plus juste, elle lui rendra sa place, et son buste majestueux apparaîtra, comme au frontispice de ses œuvres, élevé sur de puissantes architectures, couronné par les vieux maîtres de la lyre, pleuré par un héros armé et par une muse éclatante et nue qui laisse ruisseler sa chevelure blonde avec les flots épanchés de son urne de marbre. Quand Ronsard se déclarait immortel et se couronnait de ses propres mains, il n'était pas guidé par un vain orgueil! Il continuait, réclamait, affirmait le rôle du poëte. C'était le vieil Hésiode, c'était son maître Pindare et surtout les poëtes à venir qu'il couronnait sur son propre front. Quel doit être celui qui parle aux âmes, voilà ce qu'il voulait enseigner à la France en l'entraînant, loin de Marot et de Saint-Gelais, vers le vol des grandes Muses. En ses maîtresses, il adorait surtout la beauté impérissable que de tout temps les Dieux ont fiancée au génie; il ne se montra si fier, que comme le fils et comme le père de ceux dont la voix ailée voltige parmi les hommes. Laissons-lui donc ce laurier qu'il usurpait non sans justice, et, s'il le faut, rattachons-le sur son front d'une main pieuse, car ce front a porté la fortune même et l'avenir de la poésie. Dix années d'études ardues, l'intuition vague mais certaine de l'avenir, l'ambition de ressusciter la Grèce parmi les brumes du nord et dans un pays déchiré par les guerres civiles, quarante ans de travaux, l'ennui des cours et la disgrâce des rois, le nom de l'amour glorifié, la France chantée et consolée, une renommée universelle dignement portée, puis la disgrâce, les longues souffrances, l'interminable agonie, une mort chrétienne et stoïque, n'est-ce pas de quoi mériter le noir rameau toujours arrosé de sang et de pleurs? Il n'aura manqué à Ronsard ni l'aspiration vers les infinis du beau, ni le désir de la perfection, ni le martyre, ni l'insulte; ne lui refusons donc pas sa place dans l'Olympe des poëtes, où il a le droit de porter la pourpre, sinon près de ceux à qui il tentait de ressembler, du moins à côté de Virgile et d'Horace, dans ce groupe qui, loin des aveuglantes splendeurs d'Homère, de Pindare et d'Eschyle, traîne après lui une douce lueur d'étoiles et de crépuscule.

JEAN DE LA FONTAINE

JEAN DE LA FONTAINE

1624—1695

Comme un dieu même de la poésie, appuyé sur ses ouvrages que le temps embellit sans cesse d'un éclat nouveau, sur ces ouvrages qui ont le don de faire encore des envieux après deux cents années de gloire, mais qui *sont pour eux d'airain, d'acier, de diamant,* La Fontaine offre ce spectacle inouï d'un homme de génie qui a pu réaliser complétement, et dans sa perfection absolue, l'œuvre qu'il avait rêvée. Accord du sentiment et de l'imagination, l'œil ouvert sur le monde visible et l'œil ouvert sur le monde idéal, invention inépuisable et féconde et talent d'artiste si accompli qu'il devient exempt du procédé et de la manière et arrive à se dissimuler lui-même, La Fontaine a possédé tous les dons les plus rares et les plus exquis, le goût, la grâce, la force, la tendresse, le vif esprit qui tout à coup éclaire d'un jet le tableau, et l'habileté minutieuse qui en fait vivre les moindres détails; peintre, musicien, mosaïste inimitable; mais surtout et avant tout, il a été ce faiseur de miracles qui tire de son sein une création durable; il a été le poëte. Y a-t-il un secret dans l'admiration universelle qu'inspire le chantre *des héros dont Ésope est le père?* Je dis universelle, et jamais ce mot ne fut plus justement appliqué, car il est de vérité élémentaire que les œuvres du fabuliste plaisent aux pauvres déshérités qui font profession de haïr l'art des vers, autant peut-être qu'elles ravissent les hommes de pensée et d'imagination. Il n'est pas rare de voir les sots se passionner pour un bel ouvrage, parce qu'ils s'attachent seulement aux exagérations et aux traits de mauvais goût qui le déparent; mais cette pâture grossière, jetée aux appétits de la foule, on ne la trouverait pas chez La Fontaine qui garde partout la noblesse et la sobriété du génie.

Que j'ai toujours haï les pensers du vulgaire!

s'écrie-t-il dans un mouvement sublime, et ce mot est d'autant plus beau qu'il a le droit de le prononcer sans forfanterie; non-seulement il hait les pensers du vulgaire, mais il ne pactise jamais avec lui; il le redoute, il l'éloigne, il s'en sépare violemment et ne se plaît que là où est sa place, dans la compagnie aristocratique des esprits supérieurs et des hautes pensées. Pourquoi donc plaît-il au vulgaire? Parce qu'il possède au degré le plus éminent un don à l'intelligence duquel la foule a toujours été accessible, le don de la comédie et du drame. Voyez-le tel qu'il est et comme il se peint lui-même,

> . . . . faisant de cet ouvrage
> Une ample comédie à cent actes divers,
> Et dont la scène est l'univers.
> Hommes, dieux, animaux, tout y fait quelque rôle,
> Jupiter comme un autre . . . .

L'erreur de bien des critiques a été d'entendre ces vers au sens figuré, lorsqu'il faut les lire tout à fait dans le sens propre et au pied de la lettre. Dans les âges modernes, quand le temps des épopées est fini, tout grand poëte contient nécessairement un dramatiste. Si l'ineptie ou les préjugés de ses contemporains l'empêchent d'écrire son drame pour le théâtre, il l'écrit pour le livre, mais en tout cas il fera vivre et remuer des personnages, avec leurs passions, avec leurs vices, avec leurs ridicules, et il donnera l'homme avide et rusé en pâture à lui-même. Avec cet instinct prime-sautier qui voit de haut et tout de suite, La Fontaine devina que l'instrument de la poésie moderne serait le mélange du style dramatique et lyrique; ce mélange, il l'a fait avec la puissance de l'ouvrier qui amalgame les durs métaux, et, dans la réalité, il a été le premier poëte romantique et actuel. Il fait mouvoir ses acteurs, mais en même temps, avec le son, avec la couleur, il traduit la nature agitée et mélodieuse, il ouvre des perspectives sur l'âme et sur l'infini; son théâtre a toujours ce qui manque parfois à celui de Racine et de Molière, une fenêtre ouverte sur le ciel. Quant à ses personnages, que sont-ils? Rien qu'au dégoût et au désappointement douloureux qui nous saisit quand nous entendons des critiques superficiels relever chez La Fontaine les erreurs d'histoire naturelle, et telle hérésie à propos des mœurs bien connues d'un animal, nous comprenons bien que le monarque Lion, le vieux Chat rusé, le compère Loup, la Couleuvre qui reproche si justement à l'homme son ingratitude, et la Mouche du coche et l'Agneau égorgé au bord d'une onde pure, ne sont pas des animaux réels, car le premier mot d'un tel reproche nous frappe comme une sottise *réaliste*, aussi lourde que le pavé de l'ours. Sont-ils des hommes en chair et en os? Le Renard signifie-t-il tout bonnement un intrigant rusé et le Lion un monarque sanguinaire? Alors pourquoi la brutale mascarade imaginée par Grandville aurait-elle blessé si cruellement les âmes délicates? C'est qu'en effet les personnages des fables ne sont ni des animaux, ni des hommes, mais des masques bouffons et comiques. Ils vivent au même titre qu'Arlequin, Scapin, Mascarille et Dorante, aussi naïvement dépravés que les animaux, aussi humains que l'âme humaine elle-même; leur modèle est partout, mais il n'est nulle part aussi, et, en voulant les matérialiser, on les dépouille de leur vie immortelle. Mettre en cause La Fontaine, parce que chez lui le Rat ou la Belette ne se gouverne pas absolument comme chez Buffon, c'est justement comme si quelque pédant, l'histoire grecque à la main, venait accuser Shakspeare d'avoir tronqué Thésée dans *Le Songe d'une nuit d'été*, et de n'avoir pas représenté au naturel le vainqueur de Cercyon et de Sinnis. D'autre part, faire de cette adorable troupe comique si folle, spirituelle et agile, des hommes lourdement empêtrés dans la vie brutale, n'est-ce pas s'en tirer par une explication mille fois trop simple, car en quelques vers le même personnage change dix fois d'allure, ondoyant et complexe comme le génie même de La Fontaine? Si je me laisse aller à l'illusion de sa voix humaine, c'est alors que tout à coup il me montre son mufle d'animal, avide ou narquois, et semble me dire :

Ne cherche pas plus longtemps, je suis un personnage de fable, pas autre chose, une marionnette comique dont le génie tient les fils. D'ailleurs, comment voir une simple comédie humaine dans ce théâtre enchanté où tout vit, la forêt, la source et l'étoile, où un insecte peut tenir en échec Jupiter et où le chêne parle au roseau d'une voix si éloquente?

Mais si je m'attaque, à propos de La Fontaine, aux jugements stéréotypés et aux opinions toutes faites, par où commencerais-je? et comment pourrais-je me contenter de l'espace réservé à cette courte notice? A propos du fabuliste, l'aimable mot naïveté vient tout de suite sous la plume. Il est très-vrai qu'il arrive à la naïveté à force d'art; mais de là, mille écrivains ont conclu que La Fontaine était un homme naïf, s'ignorant lui-même et produisant ses Fables à la grâce de Dieu, comme un champ produit des coquelicots et des pâquerettes. Ce n'est pas là-dessus, hélas! qu'on trompera un versificateur de profession, qui peut apprécier les formidables efforts qu'a demandés la création du *vers libre*, où le lecteur vulgaire ne voit qu'une succession de vers inégaux assemblés sans règle et au caprice du poëte! Cette fusion intime de tous les rhythmes, où le vêtement de la pensée change avec la pensée elle-même, et qu'harmonise la force inouïe du mouvement, c'est le dernier mot de l'art le plus savant et le plus compliqué, et la seule vue de difficultés pareilles donne le vertige. D'ailleurs, comme La Fontaine avait créé son instrument, il l'a emporté avec lui; tous ceux de ses prétendus successeurs qui ont cru se servir du *vers libre* nous ont donné un chaos risible et puéril; non-seulement ils en ignoraient l'esprit, l'allure, le mouvement harmonieux et rapide, mais ils n'en ont même pas compris le mécanisme. La Fontaine ignorant de lui-même! lui pour qui l'Apologue est un don qui vient des Immortels, lui qui s'écrie avec une juste conscience de sa grandeur :

> Grâce aux filles de Mémoire,
> J'ai chanté les animaux;
> Peut-être d'autres héros
> M'auraient acquis moins de gloire.
> Le Loup, en langue des Dieux,
> Parle au Chien dans mes ouvrages.

Quelle astuce, quelle fermeté, quelle volonté inébranlable ne fallut-il pas à La Fontaine pour jouer toute sa vie un rôle, pour faire croire à tous et pour laisser croire à ses meilleurs amis qu'il était original faute de pouvoir faire mieux, et pour accepter le reproche de sa prétendue incorrection! Mais ne luttait-il pas seul contre une mer démesurée qui allait ensevelir tout le passé, l'esprit français, le moyen âge, Marot, Rabelais, Ronsard lui-même et tout ce XVIe siècle que, pareil à Camoëns, La Fontaine tenait élevé dans sa main, combattant de l'autre le flot envahissant! Sans doute il portait seul la destinée de nos conteurs, de nos poëtes épiques, de toute notre vieille France, et à la même heure il est le seul fils légitime d'Homère, car lui seul écrivait en ce temps-là *le Lion terreur des forêts, le Héron au long bec, Phébus aux crins dorés*, mêlant au style familier la grande épithète homérique, et donnant ces grands vers coulés d'un seul jet qui ne furent retrouvés que deux cents ans plus tard, tels que : *La femme du lion mourut*, ou *Nous ne conversons plus qu'avec des ours affreux!* Ni Racine, ni Boileau n'auraient fait dire à Progné : *Depuis le temps de Thrace*, car ils demandaient aux tragédies le sens de l'antiquité que La Fontaine va chercher à la source même, à la grande source épique. Mais qui peut relire *le Loup et l'Agneau, Les Deux Amis, Le Chêne et le Roseau, Le Paysan du Danube*, sans être touché du côté grandiose qui domine chez La Fontaine, et n'est-on pas tenté d'appliquer à son œuvre même le portrait de l'arbre démesuré,

> . . . . . de qui la tête au ciel était voisine,
> Et dont les pieds touchaient à l'empire des morts?

Poëte, il le fut, non pas dans son œuvre seulement, mais dans sa vie, se refusant à toute chaîne, n'acceptant aucun devoir sinon envers la Muse, car il comprenait qu'il lui devait chaque souffle de sa respiration et chaque goutte de son sang, n'approchant de chez les rois qu'avec répugnance, et mendiant plutôt que de vivre, car La Fontaine chez Madame de La Sablière ou chez Hervart, c'est encore la besace et le bâton d'Homère. S'il peut adresser au Dauphin, à un enfant dont la grâce le charme, ces admirables dédicaces qui resteront comme des modèles de louange et d'élégance, s'il trouve *Les Nymphes de Vaux*, cette élégie en pleurs, pour Fouquet abattu, et s'il écrit des contes nouveaux pour le petit nez retroussé de la duchesse de Bouillon, en revanche, ni les instances de madame de Montespan, ni celles de madame de Thianges ne peuvent le rapprocher du grand roi. On a accusé, on accuse encore La Fontaine de basse flatterie; est-il possible que quelqu'un ait sincèrement méconnu la sombre ironie et la résignation désespérée qui se cachent si mal sous la flatterie de commande? Ainsi Hésiode et Homère flattent les Dieux implacables, persécuteurs des malheureux mortels voués aux souffrances et à la mort; ainsi La Fontaine lui-même flatte le pouvoir souverain, *ne pouvant l'attaquer avec le bras d'Hercule*, mais n'entendez-vous pas le cri de sa haine dans ces paroles amères :

Les grands se font honneur alors qu'ils nous font grâce :
    Jadis l'Olympe et le Parnasse
    Étaient frères et bons amis.

Ce mont sacré, coupé de sources vives, où les Muses étaient les égales des Dieux, La Fontaine le voit sans cesse, et s'il flatte, c'est comme un de ces rois d'Homère, exilés et mendiants, qui se souviennent du trône en s'inclinant devant un seuil étranger. Louis XIV, lui, ne s'y trompa jamais, et ce n'est pas par hasard qu'il se faisait le protecteur de Boileau contre La Fontaine. Tous deux, le roi et le poëte, avaient un instinct vif et sûr de leur personnage ; pour Louis, le fabuliste était l'incarnation de l'aristocratie populaire du génie ; pour La Fontaine, le Roi-Soleil sur son trône pompeux était l'ennemi né et nécessaire de la pensée, l'admirateur de Voiture et des ballets royaux, malgré son apparente prédilection pour Molière et Racine. Il en est de l'égoïsme de La Fontaine comme de ses flatteries : voyez, dit-on, comme il proclame le règne de la force, la toute-puissance de l'or, la nécessité pour le petit de se faire humble et de se soumettre ! Oui, sans doute, en apparence du moins, l'or et la force gouvernent le monde; La Fontaine savait bien qu'il y a, savait bien qu'il possédait lui-même une arme plus puissante que celles-là; mais si naïf qu'on ait voulu faire le bonhomme, il eût été par trop naïf de dire cruement son arrière-pensée. Pour juger son cœur, il faut relire encore la fable des *Deux Amis* et l'épilogue des *Deux Pigeons*, ce morceau inouï de grâce et de tendresse, qui remplit nos yeux de larmes si douces, cet élan où l'enthousiasme de l'amour arrive à la grandeur d'un culte. Mais, quoi! il faut relire au hasard; il n'est pas une fable de La Fontaine qui ne vous donne le sentiment de la présence d'un ami. Certes le fabuliste a trop connu les hommes pour les estimer beaucoup, ou du moins pour les croire conformes au faux idéal que perpétue inexorablement l'hypocrisie humaine; mais il les plaint, mais il les aime, mais il est indulgent à tous les entraînements et à toutes les faiblesses. Il louait, et avec quelle délicatesse! le *Livre des Maximes*, ce canal dont la beauté nous attire et nous force à regarder notre image. Dans ses Fables aussi, dans ce grand fleuve enchanté, notre image nous apparaît, mais non pas enlaidie et forcée, comme par le cruel moraliste. Comme ceux de La Rochefoucauld, les acteurs de sa comédie sont gloutons, peureux, avides, égoïstes, mais avec gaieté, avec bonne humeur, tout naïvement; ce sont des marionnettes vicieuses, non pas des marionnettes scélérates comme celles de son voisin. Après avoir lu le livre des *Maximes*, on est tenté de faire comme Alceste, de rompre en visière à tout le genre humain; en quittant le livre des Fables, nous sommes entraînés malgré nous à jeter les yeux sur la besace de derrière pour y voir un peu nos défauts, après avoir complaisamment regardé les défauts d'autrui dans la besace de devant. L'un est un maître qui nous châtie, l'autre un père qui nous aime et à qui nous sommes reconnaissants de nous avoir réprimandés, car il mêle toujours à ses leçons un sourire ou une larme. Il aime tant le petit, le pauvre, le faible! Il est si bien pour l'escarbot contre l'aigle, pour le moucheron contre le lion; et quel attendrissement dans ce brin d'herbe jeté par la colombe pour sauver une fourmi!

Voici le théâtre, un théâtre où le rideau ne se lève jamais, et où il est toujours levé sur le décor vaste, immense, infini, varié, contenant le champ, la maison, la rivière, la forêt, le buisson touffu, le ciel même, le logis de Jean Lapin comme celui de Jupiter, la caverne du prince brigand et la maison de l'homme, car chacun ici jouera son rôle au naturel, le monarque convoquant ses sujets pour les croquer à belles dents en cet antre où l'on entre si bien et d'où l'on sort si peu, le courtisan au museau pointu conseillant la robe de chambre sanglante, le Héron faisant fi d'un maigre dîner, le Loup préférant la solitude affamée au cou pelé du Chien courtisan, le paysan du Danube cachant sous sa ceinture de joncs marins un cœur où vit le souffle des Dieux, la fille dédaignant mille partis pour épouser un malotru, l'ami offrant sa bourse, son épée et son esclave, et le Pigeon parlant de fidèles amours avec une voix si élégiaque, si douce! Ainsi, sous les yeux des filles de Mémoire, tous parleront, agiront, comme dans le rêve visible de la vie, chacun avec le langage de son état, de sa condition, de son allure, tigres, mouches, grenouilles, même les objets inanimés, même ceux où s'éveille à peine une âme indécise, la lime d'acier comme le peuplier et le roseau, tous les êtres, toutes les choses auxquels l'éternel mouvement de la matière a imposé une forme; toutes les voix seront traduites et aussi le silencieux murmure qui s'élève de la création emprisonnée. Mais par quel art, par quelle méthode d'induction le poëte devinera-t-il la pensée qui s'agite sous l'écorce des pierres, sous le flot des sources, et même dans l'âme vague de ces agiles comédiens, singes, léopards, tortues opiniâtres, ânes résignés et doux, coursiers aux flottantes crinières? Quelle ruse l'introduira dans le conseil tenu par les rats et dans la discussion des grenouilles? Quel historien, quel naturaliste lui apprendra quels animaux sont poëtes, guerriers, marchands, industriels, artisans, artistes, saltimbanques, comment ils débattent leurs intérêts entre eux, passent des marchés, exécutent et violent des conventions, comme ils naissent, comme ils se marient, comme ils meurent, et comme ils parlent aux Dieux et aux hommes? Nul naturaliste. Buffon a décrit magnifiquement les bêtes, mais il ne sait rien de leurs affaires, et s'il avait quelque arrangement à conclure avec messire Loup ou avec dame Belette, il serait incapable de s'en tirer tout seul. La Fontaine, lui, a vécu dans l'intimité de ces êtres; animaux paysans et laboureurs, animaux ducs et chefs d'armée, animaux vivant de travail ou de rapine, il sait leurs mœurs, leurs coutumes, le langage de leurs professions diverses. Et par quel miracle? En vertu de ce génie d'observation qui nous fait saisir des analogies sans nombre entre les facultés de l'âme et l'expression des sentiments et des passions par la mimique. Si l'homme avare affecte tel geste, tel animal qui reproduit le même geste sera un avare; de même pour le héros, pour le courtisan, pour le bouffon, pour l'hypocrite; l'attitude, l'expression du visage indique et définit une âme dont le poëte s'empare. Tel est le syllogisme qui répond à toutes les nécessités, et qui tout de suite crée un monde. Et qui en doute? rien qu'en jugeant ses comédiens par leur pantomime, le poëte se trompera moins souvent que le classificateur en manchettes; à coup sûr, il n'accueillera pas les historiettes d'Androclès et du lion de Florence. Les animaux ont des gestes humains, des expressions humaines; donc, en l'appliquant aux exigences de leur vie, ils ont le droit de parler le langage des hommes. D'autre part, l'homme, si souvent, si profondément bestial, l'homme, chez qui parfois apparaissent par éclairs la crinière lumineuse du lion, le sourire rusé du renard, le fin museau du rat, l'œil du bœuf majestueux et stupide, l'homme peut, sans déroger, parler avec les bêtes et comme les bêtes; de même il peut parler à la nature, comme lui captive, comme lui affamée de lumière et d'azur, au ruisseau qui veut boire le ciel, à l'arbre qui lève vers l'azur ses bras éperdus, à la pierre qui voudrait se mouvoir, à la fleur qui ouvre sa corolle comme une lèvre avide. Ainsi, par un éclatant miracle, l'harmonie s'établit entre les créatures humaines et les créatures bestiales ; elle enveloppe même les personnages qui sont le décor, l'arbre, le rocher, le fleuve, la nature sans cesse débordante de vie, brisée de douleur, ivre d'amour; et l'enchantement sera complet quand le poëte, quand le magicien implacable y aura fait entrer la personnalité divine.

Pour cela, un seul moyen, faute duquel la chaîne serait rompue. Le poëte, chrétien convaincu et fervent, gardera sa religion dans le sanctuaire de sa pensée; à cet océan de vérité il prendra seulement la haine de l'injustice, l'amour des faibles, le respect du devoir et du sacrifice; pour tout le reste, et de par son droit de créateur, il sera païen et franchement païen. En toute poésie bien construite, les Dieux grecs sont les seuls Dieux possibles du poëte, jeunes, beaux, rayonnants de joie, livrant au vent du ciel leurs chevelures ambroisiennes, couverts de crimes et d'incestes, braves, jaloux, vindicatifs, héroïques, ils ont tout de l'homme et tout de la bête féroce ; ils sont les parents du serpent et du lion, comme ils sont les parents de la race humaine, et, de droit, ils entrent dans la fable en vertu de la loi souveraine qui proportionne l'un à l'autre les éléments d'une création artistique. Ce que fit La Fontaine donnant aux plantes, à l'homme, aux Dieux une âme commune, l'antiquité l'avait fait, célébrant chez la reine des Immortels des yeux de génisse, cachant des divinités sous la chair des arbres plaintifs, et sur le bord des eaux mélodieuses unissant la femme et le cygne, ces deux chefs-d'œuvre de la grâce idéale. De celui qui tient la foudre au vermisseau le plus chétif, la chaîne se tient, pas un anneau n'est brisé. Après les peintres et les poëtes de la Renaissance, La Fontaine, en son drame universel, affirme cet immense hyménée de toutes choses, et la Science moderne lui donne raison. Son rhythme, ce bronze inouï produit par la fusion et l'amalgame de tous les métaux poétiques, son rhythme, ce prétendu vers libre, résultat de calculs prodigieux, et où les esprits superficiels voient l'effet du hasard, est le portrait même de son univers, où toute molécule matérielle et divine est entraînée dans le même tourbillon de vie. Il est son, couleur, mouvement, rire et sanglot; l'ode, l'épître, l'épopée, le conte, broyés et mêlés ensemble par une main de diamant, donnent une langue nouvelle, infinie, à la fois vraie, idéale et fugitive, qui est la comédie vivante et lyrique; cette langue, la même! c'est celle des Dieux assis sur les nuées et celle de la grenouille qui coasse au fond des marais; l'hysope la peut parler comme le cèdre, et elle convient aussi à l'homme qui porte comme les forêts une chevelure, et qui conquiert comme un dieu les mondes et les étoiles. Bonhomme s'il en fut, le montreur de ce spectacle, où tout est représenté, renvoie naïvement les images qui se sont reflétées en lui, et il atteste qu'un homme de génie peut, sans en être ni troublé, ni orgueilleux, contenir l'univers entier dans son cerveau, et tout entier le reproduire avec la parole, qui est plus grande à elle seule que la création monstrueuse. N'est-il pas un Gaulois, comme ce Rabelais qui a eu l'étoffe de dix Homères, et qui dans la paume de sa main de géant fait jouer les Olympes et leurs habitants, comme de petits acteurs sculptés par caprice? Il est Gaulois, et il en profitera pour garder le masque naïf et railleur, pour ne s'embarquer ni dans les grands mots, ni dans les grandes phrases, pour rester gai comme l'alouette, fin comme la vigne poussée en pleine pierre à fusil, spirituel comme on est forcé de l'être quand on se voit depuis cinq cents ans ruiné par la dîme et par la gabelle, berné par le curé et par le seigneur, roué par le juge qui toujours avale l'huître et toujours vous tend gravement la même écaille, sans avoir autre chose pour se consoler qu'un petit bout de chanson! Cette petite chanson de la France, c'est ce qui fait la loi au monde entier, c'est ce qui enfante le présent et l'avenir; mieux que personne La Fontaine l'a entendue, mieux que personne il l'a chantée d'une voix attendrie, narquoise, héroïque et doucement enfantine, et c'est la même que ses petits-fils fredonnent encore au bruit de l'orage et au bruit tumultueux du tambour! Enfin, La Fontaine a été le poëte même et l'esprit même de cette France qui ne veut pas être poëte; il a su unir les deux natures dans la suprême divinité du génie.

La liste des auteurs dans lesquels La Fontaine a puisé les sujets de ses fables contient près de cent noms, les poëtes de l'univers entier, toutes les contrées et tous les âges, l'*Iliade* et *Les Mille et une Nuits*, Bonaventure Desperiers et Louise Labé, Bidpay et Regnier, Denys d'Halicarnasse et Rabelais; elle va d'Hésiode à Guichardin en passant par Tabarin et Grattelard. On voit que La Fontaine prenait son bien où il le trouvait, et qu'il le trouvait partout, comme dans la maison même de Phèdre ou d'Ésope. En cela, La Fontaine a montré, une fois pour toutes, qu'il comprenait le rôle du poëte, et qu'il savait à quoi s'en tenir sur ce qu'on nomme l'invention. On ne trouve pas, on n'invente pas de sujets; les mêmes ont servi depuis le commencement et serviront jusqu'à la fin du monde. Tout au plus appartiennent-ils à celui qui sait les revêtir d'une forme victorieuse et définitive, au Dante qui résume les épopées antérieures à la sienne, au Gœthe qui dérobe le docteur Faust aux marionnettes de la foire, au Molière qui prend des farces de tréteau et de grand chemin et qui en fait *Les Fourberies de Scapin* et *Sganarelle*. L'invention, c'est le tour des pensées, c'est la vie des personnages, ce sont ces traits qui peignent, qui jugent, qui ravissent, c'est cette personnalité du poète, éclatant d'autant plus qu'il s'efface mieux derrière ses personnages : c'est cette puissance de création et d'incarnation qui rend La Fontaine inimitable. Qu'on retrouve quatre vers inédits de La Fontaine, tout le monde en nommera l'auteur du premier coup, et aucun pastiche ne pourra supporter une seule minute la comparaison. De ce que l'expression est toujours naturelle et vraie dans les Fables, de ce que la justesse, le rapport exact de la pensée avec le mot y établissent une merveilleuse harmonie, on a dit bien à tort qu'elle est toujours simple ; au contraire, elle est souvent grandiose, épique, parfois lyrique ou élégiaque, essentiellement variée ; mais tous ces tons divers sont fondus avec une puissance qui fait illusion. Le poëte héroïque d'*Adonis* et de *La Captivité de Saint Malc* se retrouve partout dans les Fables, et on y revoit sans cesse l'écrivain fécond qui dans tant de poëmes, d'élégies, de ballades, suffisants pour la gloire de vingt poëtes, fait résonner d'une main émue et si hardie les cordes les plus héroïques, les plus tendres, les plus passionnées de la lyre. Mais plutôt que de restituer aux Fables leur vrai caractère, on a mieux aimé oublier ou dédaigner ces ouvrages remplis d'éclatantes beautés, que font pâlir, malgré tout, la renommée des Fables, lumineuse comme le soleil. Apollon s'ennuie sur le Parnasse, dans la verdoyante vallée de Phocide où la fontaine Castalie murmure son chant de cristal, et, pour se distraire, il veut entendre une histoire d'amour racontée en beaux vers ; mais, par le plus adorable et le plus excessif raffinement d'esprit, il veut que chacune des neuf Muses lui dise à son tour ce même conte : Clio, tenant à la main son clairon hardi, Melpomène armée du poignard, Thalie au brodequin d'or, Uranie couronnée d'étoiles, Érato possédée du démon lyrique, et toutes leurs sœurs, chacune selon l'habitude de son génie, et Terpsichore elle-même arrêtera le vol de ses petits pieds bondissants pour se mêler à ce tournoi du bien dire et aux jeux de cette divine cour d'amour. Recommencer neuf fois le même récit ! est-il possible d'imaginer un problème littéraire plus audacieux, plus effroyable à résoudre? et quel autre que La Fontaine eût osé le rêver? Il est tout entier dans une pareille conception ; et je sais plus d'un grand poëte qui, après lui, l'a mesurée en frémissant et qui a senti son cœur faiblir devant la tâche démesurée. Eh! bien, ce chef-d'œuvre accompli avec un bonheur et une science dignes de l'entreprise, ce rare diamant aux facettes étincelantes, c'est... *Clymène*, une comédie reléguée, inconnue, oubliée dans les œuvres diverses du fabuliste, *Clymène*, où se trouve ce vers digne des temps héroïques :

Portez-en quelque chose à l'oreille des Dieux !

Comédie, écrit La Fontaine, et *Clymène* est en effet une comédie, mais de celles qui sont faites pour être jouées devant un parterre de princesses et de poëtes, dans un décor de verdure fleurie, avec une rampe de lucioles et d'étoiles autour de laquelle voltige le chœur aérien des fées dans les blancs rayons de lune. O la ravissante surprise de voir Thalie et Melpomène en personne devenir des comédiennes, contrefaisant celle-ci Clymène et celle-là Acante sur le tréteau élevé en plein Parnasse, à deux pas de l'Hippocrène, Melpomène et Thalie se mettant du rouge parfumé d'ambroisie, et interrogeant d'un pied impatient quelque souffleur divin, Silène peut-être ou le Dieu Pan, caché dans une boîte de rocher ! Pour moi, je ne me sens pas de joie quand le terrible dieu de Claros pric Clio de chanter à son tour l'héroïne Clymène en une ballade à la manière de Marot :

> Montez jusqu'à Marot, et point par-delà lui :
> Même son tour suffit.

Il suffit en effet, et plût aux Dieux que nous pussions monter jusqu'à lui ! Au temps où La Fontaine créait ses enchantements, pour lesquels Louis XIV ne prêta pas les bosquets et les eaux jaillissantes de Versailles, les mots de fantaisie et de poëte fantaisiste n'étaient pas inventés

> Diversité, c'est ma devise,

se bornait à dire le magicien qui, non content d'avoir créé pour ses fables une langue lyrique plus sonore et plus diverse que le cours ondoyant des fleuves, ressuscitait le Rondeau, le Dizain, la Ballade amoureuse, volait Boccace à l'Italie pour en faire un poëte bien français, et transformait les récits du *Décaméron* en ces contes franchement gaulois où avaient tenu déjà l'Arioste, Rabelais et *Les Cent Nouvelles Nouvelles*. Ces contes, ornement et gloire de notre langue, a-t-on pu avec justice les condamner au nom de la morale ? Pour moi, mauvais juge en ces matières, il me semble qu'ils doivent être absous pour l'art de conter avec charme, pour le style naturel et sain, pour l'esprit familier dont ils débordent. Plaisanteries un peu vives contre les « nonnes, » gaillardises un peu lestes, tout cela est dit gaiement, délicatement, sans malice, et n'attaque sérieusement ni la vertu, ni le bon Dieu. C'est le dernier écho du moyen âge, la dernière satire de Jacques Bonhomme un peu animé contre son seigneur et contre son évêque ; au demeurant le meilleur fils du monde. En ces contes surtout abondent ce qu'on a appelé les négligences de La Fontaine ; regardez-y d'un peu près, ces négligences si obstinément reprochées n'existent pas ; les apparentes défaillances du style et de la rime ne sont qu'un art de plus, art si subtil qu'il trompe complétement les faux connaisseurs, les critiques de demi-science. Ayant en ses descriptions à parcourir un immense clavier de passions et de sentiments, il a ajouté des cordes à sa lyre, voulant une langue qui répondît à toutes les nécessités de son inspiration, et faisant de la rime non pas un grelot sonore et toujours le même, mais une note variée à l'infini, dont le chant augmente d'éclat et d'intensité selon ce qu'elle doit peindre et selon l'effet qu'elle doit produire. La rime de La Fontaine est comme une muse dansante qui suit et accompagne le chant du poëte, changeant d'instrument selon les exigences de la pensée, tantôt prenant le sistre ou le luth, ou la simple flûte de roseau, tantôt faisant résonner le tambourin ou les crotales d'or.

Les Contes de La Fontaine! Ces cinq mots réunis sont arrivés à constituer une formule magique, une sorte de phrase enchantée qui représente à notre esprit quelque chose comme la parole devant laquelle s'ouvrent les portes d'airain des cavernes remplies de trésors, de riches étoffes et de pierres précieuses. Eût-il été juste d'anéantir en leur temps ces trésors et de refermer à jamais sur eux la porte de bronze? Si les Contes n'avaient pas gagné leur procès à force de génie et à force de joie, il faudrait leur pardonner encore pour *Le Faucon* et pour *La Courtisane amoureuse*, deux histoires d'amour qu'on relira tant que les langues humaines existeront, et tant que l'amour sera le supplice et la félicité des mortels. Si quelqu'un sait des sacrifices plus attendrissants que le sacrifice de Fédéric et que l'humiliation de Constance, si quelqu'un sait de plus beaux discours que le discours de Constance à Camille et que celui de Fédéric à Clitie, que celui-là mette le feu aux contes de La Fontaine et nous n'aurons rien à regretter! Quand je songe à toutes les douces larmes que ces deux contes ont arrachées à tous les grands cœurs, je me sens plein de respect et de reconnaissance pour le grand poëte qui les a écrites. Quant à la langue, quant à l'art de conter, quant au divin tissu de ces deux chefs-d'œuvre, qu'en dire? Ici la passion monte à l'héroïsme, et pourtant ce n'est pas seulement de l'admiration qu'inspirent les deux femmes immortelles, c'est de l'amour, de l'amour passionné et chevaleresque. Toujours les jeunes hommes de vingt ans apporteront leur cœur à ces divines créatures, toujours ils serviront Clitie assise à table et ils laisseront tomber des pleurs brûlants sur les pieds nus de Constance. Constance! la nuit où ses amers sanglots lui rendirent le printemps de son âme, l'aurore qui la vit pardonnée et triomphante, dureront autant que le monde, et les pâles roses de ses joues ne peuvent plus mourir. Ne serait-il pas au premier rang parmi tous, le poëte de la courtisane amoureuse, lors même qu'il n'eût pas imaginé une de ses fables? Et, sans un seul mot de description, que Constance et Clitie sont belles! Cette Constance, comme on voit bien son noble visage digne de ses habits,

> Corps piqué d'or, garnitures de prix,
> Ajustement de princesse et de reine:

Et que de choses ont été entrevues à l'éclair de ce poignard avec lequel la pauvrette coupe sans regrets ces habits *que le sexe aime plus que sa vie!* Non, rien de plus beau que ces héroïnes dont La Fontaine ne nous a pas décrit ni détaillé le visage! mais cela, le don de créer la beauté avec une parole, les vieilles fées gauloises l'en avaient doué dans son berceau, car la duchesse de Bouillon et Madame de La Sablière ne nous apparaissent-elles pas dans toute la splendeur d'une apothéose, parce que La Fontaine écrit leur nom en tête d'un livre de contes ou de fables? Iris, comme Sévigné, nous sourit, ainsi que le poëte l'a voulu, sous les traits d'une déesse, et quant à lui, fils d'Homère et de l'antiquité sacrée, peintre de son temps et de tous les temps, père des poëtes qui viendront, ami de quiconque sentira son cœur battre pour l'amour et pour l'amitié sainte, de quiconque sent en lui une étincelle du bien et du beau, il sourit comme ses déesses en regardant son œuvre, une immense campagne verte, coupée d'eau murmurante, où la troupe des animaux et des hommes joue sa comédie aux cent actes divers, tandis que par une échappée apparaît le sacré vallon avec les Muses, les Nymphes demi-nues et le dieu même du vert laurier prêtant l'oreille à quelque chant de Daphné ou de Clymène, dont les accents font tressaillir les cordes amoureuses de la grande lyre. Et si, malgré l'ineffable douceur de ses yeux, la fine lèvre du fabuliste se relève encore avec une expression narquoise, c'est parce que le drame des *Animaux malades de la Peste* continue à être représenté dans un coin du tableau, à la grande satisfaction de la foule, qui n'a pas de pitié pour le martyre des Anes. Cet ironique sourire, c'est la vengeance des animaux contre messire Loup et contre son altesse le Lion. Il leur fait plus de peur assurément que le javelot de Thésée et que la massue d'Hercule, car ces brigands illustres sont parfois plus forts que toutes les armes de bois et d'acier, mais comment se défendraient-ils contre le fugitif rayon qui éclaire cette bouche amicale, contre le suave, contre le contagieux et imperceptible sourire ?

TABLE

PETIT TRAITÉ DE POÉSIE FRANÇAISE

		Pages
I.	— Introduction	1
II.	— Règles mécaniques des Vers	18
III.	— La Rime	45
IV.	— Encore la Rime	63
V.	— L'Enjambement et l'Hiatus	88
VI.	— De l'appropriation des mètres divers aux divers poëmes français	111
VII.	— De la Tragédie au Madrigal	133
VIII.	— Des Rhythmes et de l'Ode	158
IX.	— Les Poëmes traditionnels à forme fixe	185
X.	— De quelques Curiosités poétiques	229
XI.	— Conclusion	258

PIERRE DE RONSARD (1524-1585)	273
JEAN DE LA FONTAINE (1621-1695)	301

Paris. — Typ. G. Chamerot, 19, rue des Saints-Pères. — 1935.

www.ingramcontent.com/pod-product-compliance
Lightning Source LLC
Chambersburg PA
CBHW060648170426
43199CB00012B/1714